AF823893

Ein Mercedes 200 Cabriolet C (W21), Baujahr 1934,
und
die Geschichte seiner
Besitzer

© 2017 Gottfried Koch

Herausgeber: Gottfried Koch
Autor: Gottfried Koch, Raphael Koch, Bettina Kaplan, Antony Bates
Umschlaggestaltung, Illustration: Gottfried Koch

Druck und Vertrieb im Auftrag der Autorin/des Autors: Buchschmiede von Dataform Media GmbH, Wien

www.buchschmiede.com

ISBN:978-3-99057-620-5(Paperback)
ISBN:978-3-99057-621-2(Hardcover)
ISBN: 978-3-99057-957-2 (e-Book)

Printed in Austria

Das Werk, einschließlich seiner Teile, ist urheberrechtlich geschützt. Jede Verwertung ist ohne
Zustimmung des Verlages und des Autors unzulässig. Dies gilt insbesondere für die elektronische oder sonstige Vervielfältigung, Übersetzung, Verbreitung und öffentliche Zugänglichmachung.

„... herrliche
Fahrzeuge, von
Riesenkräften mit zart
metallischem
Rauschen
dahingetrieben."

Thomas Mann,
in
Königliche Hoheit.
1909

Von Fahrzeugen und Menschen: Lust, Laster und Rationalität

Autos hatten schon immer drei Kernfunktionen. Sie mussten dem Auge gefallen und Emotionen wecken. Damit ging ihre weitere Funktion als Statussymbol einher und last but not least wollte man mit so einem Vehikel Distanzen rasch, sicher, effizient und vergnügt überwinden. Mit diesen durchaus positiv besetzten Funktionen ist natürlich auch die Kehrseite der Medaille verbunden: das Automobil als Quelle von Gefahren, Unfällen und Umweltbelastung.

Der die Umwelt schädigende CO_2-Ausstoß der Autos ist zwar pro Fahrzeug deutlich gesunken, der weltweite Siegeszug des Automobils führt trotzdem auch weiterhin zu großen Schäden an der Umwelt. Ein Auto macht auch Lärm und Bewohner, die an Autobahnen und Durchgangsstraßen wohnen, klagen über massive gesundheitliche Beeinträchtigungen. Dass andere Transportmittel wie das Flugzeug oder die Bahn da auch keine lupenreinen Gut-Vehikel sind, sei erwähnt, aber nicht weiter betrachtet.

Thelma:
„Okay, hör zu: Wir sollten uns nicht schnappen lassen."
Louise:
„Was willst Du damit sagen?"
Thelma:
„Lass uns einfach weiterfahren."
Louise:
„Wie meinst Du das?"
Thelma:
„Los fahr!"
Louise:
„Bist du sicher?"
Thelma:
„Ja, gib Vollgas."

7.000 Menschen sind im Jahr 2000 auf Deutschlands Straßen zu Tode gekommen. Diese traurige Zahl sank bis zum Jahr 2012 auf etwa die Hälfte. Das ist eine erfreuliche Tendenz, aber viel Traurigkeit bleibt trotzdem bei den Betroffenen zurück. Hier ist insbesondere an die weitaus größere Zahl der Schwerverletzten mit dauerhaften Lebenseinschränkungen zu denken. Nicht zu vergessen sind die mit dem Automobil begangenen Suizide. Man schätzt, dass mehrere hundert Kfz-Unfälle pro Jahr in suizidaler Absicht durchgeführt werden.

Trotzdem: Niemand möchte das Automobil missen. Viele Zeitgenossen betrachten es als Quelle ihrer freien Lebensgestaltung, so wie Thelma &

Louise im gleichnamigen Film von Ridley Scott. Die unglücklich verheiratete Hausfrau Thelma und die Kellnerin Louise reissen in einem 1966er Thunderbird Convertible aus ihrer gewohnten Umgebung aus, um den Versuch eines freien Lebens zu wagen.

Als ihnen die Polizei im Nacken sitzt, sind sie in Gefahr, ihre durch den Thunderbird für eine kurze Zeit wiedergewonnene Freiheit zu verlieren. Sie halten an und diskutieren vor dem Abgrund des Grand Canyon noch kurz, ob sie sich der Polizei stellen oder in den Tod rasen sollen. Sie küssen sich und fahren los.

Das Design der Automobile folgte einerseits zunächst dem Geschmack der jeweiligen Zeitgenossen oder, anders ausgedrückt, jede Design-Vorstellung ist im Kontext des Zeitgeistes zu sehen. Auf der anderen Seite gibt es aber auch Formen und Gestaltungs-merkmale, die ihre Anziehungskraft über alle Jahre erhalten haben. Auch im Automobilbau sehen wir sowohl Modeströmungen als auch zeitlose Augenweiden. Zu Beginn des Automobilbaus waren die Motor-kutschen ihren von Pferden gezogenen Vorfahren nachgebildet. Erst Jahre später erhielten die Motorfahrzeuge eigenständige Strukturen. Dies war im Wesentlichen dem technischen Fortschritt geschuldet.

Mit der beginnenden Blüte der Bauhaus-Architektur widmete sich 1930 auch Walter Gropius dem Automobil-Design.
Gropius' Ansprüche an ein Auto waren: „Das Maß der Schönheit des Automobils hängt nicht von der Zutat an Schnörkeln und Zierrat ab, sondern von der Harmonie des ganzen Organismus, der Logik seiner Funktionen. Ein moderner Gebrauchswagen soll technisch vollendet, schön und billig sein." Der Adler Standard Modell 6 und 8, von Gropius entworfen, 1932 auf der Automobilausstellung in Genf erstmals gezeigt, sollte diesen Anforderungen genügen. Dieser Entwurf ist von einem Grundsatz der Bauhaus-Architektur, wonach die Form der Funktion folgen soll, beeinflusst.

Citroën fing 1934 mit seinem Modell 7 CV an, die Räder weit außen in die Ecken zu stecken und die Kotflügel eleganter zu schwingen. Insgesamt begannen danach alle Hersteller, ihre Autos abzurunden. Üppige Botticelli Rundungen bestimmten in den nächsten Jahren die Formen, so auch bei diesem Mercedes 200 und den folgenden Modellen.

Wenn ein Auto schneller wird, ist ab etwa Tempo 60 der Luftwiderstand das stärkste Hindernis. Gewicht und Rollwiderstand spielen beim Vorwärtsdrang dann eine untergeordnete Rolle. Nichts eignet sich zum Durchbrechen dieser Windwand besser als die Keilform. Hatte früher eine kräftige Motorhaube sinnbildlich das Auto gezogen wie einst das Pferd den Karren, so spaltet der Keil nun die Luft und schiebt das Auto zu neuen Rekorden. Der Keil in Reinkultur ist beim Lancia Stratos von 1974 zu sehen.

Der Keil wurde in der heutigen Zeit durch eine aerodynamische Gesamtkonzeption abgelöst resp. um diese erweitert. Im 1-Liter-Fahrzeug von Volkswagen dürfte diese Entwicklung einen vorläufigen Höhepunkt erreicht haben.

Die Form des Fahrzeuges, sein Aussehen, ist für seine Funktion als Statussymbol nicht unwichtig. Ein Statussymbol soll meist das Selbstbildnis seines Besitzers quasi auf dem Silbertablett nach außen sichtbar machen und es soll die Bedeutung seines Trägers, letztlich seine soziale und gesellschaftliche Stellung, öffentlich und damit vor allen Augen offenbaren. Statt laut herauszurufen: „Seht her, der oder das bin ich und so fühle ich mich", was unschicklich wäre, sagt es das Automobil in einer weitgehend akzeptierten Art und Weise, aber bei weitem nicht diskreter. Ganz im Gegenteil. Das Problem einer Diskrepanz zwischen Selbst- und Fremdbewertung oder zwischen Selbsein- und Überschätzung wird durch kein Automobil dieser Welt tangiert. Oder anders ausgedrückt: Ein großes und wertvolles Auto macht einen mickrigen Kleingeist noch lange nicht zu einem Titan.

„... Das Rendezvous im Theater, die heimliche Zusammenkunft in der Baignoire, in der man von niemandem gesehen wurde, ist jetzt ersetzt – oh, mehr als das! – durch die Möglichkeit zu zweien, von keinem erkannt – Automobilmäntel und -hauben sind auch in dieser Hinsicht nützlich – hinter dem Rücken des Chauffeurs, der nie etwas hört, eng nebeneinander über die Landstraße zu sausen und Rast machen zu können, wo kein Maitre d'hotel diskret lächelt, und es selbstverständlich ist, dann nach der „Tour" im verschwiegenen Kämmerlein auszuruhen ..."

„Elegante Welt" 1912

Der Drang nach Statussymbolen, davon gehen Evolutionsbiologen aus, ist uns mit den Genen in die Wiege gelegt worden. Wer mit wertvollen Statussymbolen glänzen kann, der signalisiert den anderen, insbesondere dem anderen Geschlecht, ein hohes Maß an Erfolg und damit indirekt auch ein hohes Maß an Kraft, Leistungsbereitschaft, also Vitalität, und damit nicht zuletzt eine ausgezeichnete Reproduktionsfähigkeit. Der legendäre Jaguar E-

Type wird auch Phallus auf Rädern genannt. Sein Verkaufserfolg soll nicht zuletzt, neben vielen anderen positiven Eigenschaften, auf dieser sowohl Frauen als auch Männer anziehenden Symbolik einer ausgeprägten Fruchtbarkeit beruhen.

Eine der nützlichsten Funktionen eines Kraftfahrzeuges ist, dass man größere Distanzen einfach, bequem und vor allem schnell überwinden kann. Um hier die Leistungsfähigkeit der jeweiligen Marken zu dokumentieren, hatte man schon früh entsprechende Wettbewerbe und Rennen organisiert. Klar gibt es da zwischen dem Heute und dem Damals hinsichtlich des Komforts, der Geschwindigkeit und – wie schon berichtet – der Effizienz himmelweite Unterschiede, aber es bleibt dabei, man kann und konnte große Distanzen einfach überwinden. „Der paradoxe Reiz, der das Auto zu einem der erfolgreichsten Objekte der Moderne gemacht hat, lag darin, dass es Freiheit und Schutz der Privatsphäre zugleich versprach: Schon im Stand ist es ein Freiheitsversprechen, man kann jederzeit überall hin aufbrechen – und in der Ferne ist es ein tröstliches Stück mitgebrachter Heimat: Mit seinen Ledersesseln und dem Holzfurnier im Armaturenbrett war es ein Wohnzimmer auf Rädern, nichts drang ein, nichts heraus."

Personenwagen waren so auch in der Lage, Vertraulichkeit zu schaffen. Und zwar Vertraulichkeiten aller Art, welche erst der Schleier einer größeren Distanz zu vermitteln im Stande ist. Somit erleichtert das Kraftfahrzeug, dass Beziehungen ruhig und ungestört an einem ferneren Ort eingefädelt werden und gedeihen können, bevor sie in das Licht einer öffentlichen Nähe gerückt werden. Klatsch und Tratsch werden durch das Zurückziehen in entfernte und vertrauliche Winkel vermieden. Liebeleien werden ebenso angebahnt und gefördert wie große Geschäfte. Die Ausdehnung des Partner-Such-Radius erhöht schließlich die

> *„Ich habe einen Freund, sein Name ist Weber; ein begüterter junger Mann, der lebt, der sein Leben genießt. Sein Lieblingsvergnügen besteht darin, in seinem Automobil mit toller Geschwindigkeit über Land zu sausen und dabei von Strassen und Äckern Bauerndirnen aufzulesen, mit denen er unterwegs – aber das gehört nicht hierher."*
>
> *Thomas Mann in „Königliche Hoheit". 1909*

Vielfalt der Auswahl und damit ganz sicherlich auch die Möglichkeit, dass das passende Deckelchen für jedes Töpfchen gefunden wird.

Oder denken wir einfach an die Freude, die so eine Ausfahrt über weite Strecken vermitteln kann. Zu Fuß hat man die umliegende Landschaft schon lange erlaufen. Wandern ist schön. Zugegeben. Aber was gibt es Schöneres, als bei schönem Wetter in einem offenen Auto, das Verdeck zurückgeklappt, durch fremde Gegenden zu fahren, den Wind zu spüren, die Atmosphäre des Frühlings einzusaugen, die wohligen Gerüche der gemächlich durchfahrenen Landschaft zu riechen und neue Eindrücke förmlich in sich hineinströmen zu lassen?

Nicht selten hat so ein Automobil auch Leben gerettet. Ganz einfach, indem es seinen Insassen erlaubte, eine lebensbedrohliche Gegend und Situation möglichst schnell hinter sich zu lassen.

Ein Auto allein kann nicht viel machen. Bestenfalls rollt es von allein eine schiefe Ebene hinab, wenn man vergisst, die Handbremse zu ziehen. Es sind Menschen, die es steuern und bewegen. Erst der Tritt des Fahrers auf das Gaspedal setzt im Normalfall ein Fahrzeug in Bewegung und sein Tritt auf die Bremse hält es wieder an. Es sind Menschen, die sich und das Auto durch breite Landschaften und enge Gassen manövrieren. Es sind die Fahrer, die ihr Auto über steile und steinige Passstraßen hinauf auf unglaubliche Höhen mit einer sensationellen Aussicht treiben. Und sie sind es auch, die es von den Höhen hinab in ein tiefes Tal rollen lassen. Die Fahrer sind es also, die das Automobil beherrschen und seinen Weg bestimmen.

Aber wer bestimmt über den Fahrer? Wer treibt den Fahrer an und wer setzt ihm seine Ziele? Natürlich glaubt jeder Fahrzeuglenker, er bestimmt Ort, Weg und Ziel. Auf den ersten Blick ist das auch so. Aber warum fährt er von A nach B? Möchte oder muss der Fahrer vielleicht einen Krankenbesuch machen? Wenn ja, liegt dann der Auslöser nicht in der Krankheit des Besuchten? Ein Verliebter fährt heiter beschwingt zu einem Rendezvous mit der Begehrten. Ist er es, der da autonom entscheidet, oder war es die Geliebte, welche ihm diese verheißungsvolle Fahrt ermöglicht hat? Vieles wird durch die jeweiligen Lebensumstände, die Zeit oder die Geschichte bestimmt, durch die ein Fahrer und sein Auto sich bewegen können und bewegen müssen. Die Geschichte oder, etwas pathetischer ausgedrückt, das Schicksal bestimmt über Kurven und Umwege, über Einbahnstraßen und Schnellwege, über Freuden und Unfälle, über Leben und Tod.

Steigen wir also ein und starten wir mit einem Mercedes 200 Cabrio aus dem Jahr 1934 zu einer ausgedehnten privaten Rundfahrt durch die Lebens-Landschaften seiner Besitzer. Starten wir zu einer Fahrt, wie sie ereignisreicher und wechselhafter nicht sein könnte, durch Zeiten, wie sie unbarmherziger nie waren, durch schicksalhafte Tage mit einer Erlebnisdichte und Dramatik, wie wir sie uns heute kaum mehr vorstellen können. Lernen wir Personen und ihre Familien kennen, die es verdienen, dass wir sie kennenlernen.

Ohne diesen Mercedes wären wir ihnen nie begegnet!

Interview mit Robert Brooks.

Mercedes-Benz-Classic:
Welche grundsätzlichen Eigenschaften muss ein Klassiker haben, um als Anlageobjekt interessant zu sein?

Robert Brooks:
Klare Antwort: Seltenheit, makellose Historie, geschichtliche Signifikanz und die Marktnachfrage sind die wichtigsten Faktoren. Aber bitte kaufen Sie keinen Klassiker nur als Investment – Oldtimer bieten zu viel Faszination um reine Geldanlage zu sein.

Auszug aus: Oldtimer sind mehr als nur Investment.
In: Mercedes-Benz Classic 02/2014, S. 91.

Brooks zählt zu den erfahrensten Oldtimer-Kennern und beschäftigt sich seit fast vier Jahrzenten mit dem Klassiker-Markt. Er ist Geschäftsführer von Bonhams in London, dem drittgrößten Auktionshaus der Welt.

Provenienzforschung

Die „Provenienz“ gewinnt bei Kunstgegenständen im Allgemeinen und bei alten Automobilen im Besonderen immer mehr an Bedeutung. Man versteht unter der Provenienz die möglichst lückenlose Dokumentation der Herkunft sowie der Geschichte des jeweiligen Gegenstandes. Oldtimer werden heute wie Kunstgegenstände gehandelt. Große internationale Auktions-häuser wie Sotheby's, Christi's, Bonhams oder Dorotheum geben auch auf diesem Markt den Ton an. Daneben gibt es noch eine ganze Reihe von Anbietern, welche sich national oder international auf Oldtimer fokussiert haben, ganz abgesehen von unzähligen privaten Anbietern.

Die Gründe für die zunehmende Bedeutung der Herkunftsforschung liegen auf der Hand. Oldtimer sind nicht nur eine Augenweide, sondern auch eine gute Kapital-anlage. Vermutlich deshalb, weil sie zwei Aspekte menschlicher Begierde vereinigen: Sie sind schön und sie sind wertvoll. Jedenfalls steigen sie seit Jahren im Wert. In Zeiten einer gewollt niedrigen Verzinsung von Kapitalanlagen sind Investitionen in alte Autos immer mehr zu einer lohnenden Alternative für Investoren

Bei einer Versteigerung auf der Ausstellung Retromobile 6. Februar 2016 in den Messhallen von Paris gelangte auch eine Ferrari 250 GT Spyder California SWB, der früher im Besitz von Alain Delon war, zum Verkauf. Mit rund 16,3 Millionen Dollar erreichte die seltene Version mehr als das Doppelte des Schätz-preises und dürfte damit endgültig in den Club der begehrtesten Sportwagen aufgenommen sein.

Hier die Top 3 der teuersten Oldtimer

1. Ferrari 350 Scaglietti, 1957
   32 Mio Euro
2. Ferrari 250, 1962
   28.4 Mio Euro
3. Mercedes Silberpfeil
   26.8 Mio Euro

geworden. Und diese Investoren wollen Sicherheiten haben. Wenn wir von Oldtimern reden, welche als alternative Kapitalanlage dienen, dann liegen deren Werte sehr häufig über der Grenze von 100.000 Euro. Ein Wert von mehr als einer Million Euro ist keine Seltenheit, sondern rasch erreicht.

> *„Von Details abgesehen, ist die Karosserie des NSU 1000 mit der eines TT identisch. Wer sie mit TT-Technik aufrüstet, deutet den Biedermann zur begehrten Rennwanze um. Eine Kontrolle der FIN ist oft unmöglich, weil NSU viele Produktionsunterlagen 1970 bei einem Neckar-Hochwasser verloren hat."*
>
> *Oldtimer-Markt: Dirk Ramacker: .. mit gezinkten Karten, 3/2014, S. 15 ff.*

Aber auch für den kleinen Geldbeutel gibt es auf dem Automobilmarkt Anlagemöglichkeiten, etwa in sogenannte Youngtimer. Youngtimer sind alltagstaugliche Fahrzeuge, die mindestens 20 Jahre alt sind, einen gesuchten „Charakter" und somit das Potenzial haben, nach mehreren Jahren interessante Oldtimer zu werden. Man lagert und pflegt sie und hofft auf eine satte Wertsteigerung, ähnlich wie das ja auch bei einem guten Wein ist. Beide, solche noch jungen „Oldtimer" wie auch ein noch junger Wein müssen reifen. Gesuchte Wagen sind hier zum Beispiel ein Saab 900 Turbo oder etwa ein Alfa Romeo Spider.

Genauer betrachtet, geht es bei der Provenienzforschung um zwei Aspekte. Zum einen steht die Frage nach den Eigentumsrechten und zum anderen der Gesichtspunkt der Originalität im Mittelpunkt der Untersuchungen. Bleiben wir zunächst bei den Eigentumsrechten. Eine unklare Eigentumssituation kann zu einer Rückforderung des entsprechenden Gegenstandes und/oder zu Schadenersatzansprüchen führen. Unklare Besitzverhältnisse entstehen häufig im Zusammenhang mit Erbschaften oder Eigentumsdelikten, also hauptsächlich Diebstählen. Hier kann es sich um eine profane Entwendung handeln. Der Dieb oder Hehler möchte ein Objekt versilbern, das nicht sein Eigentum ist. Deswegen versucht er, die wahre Herkunft des Gegenstandes mehr oder minder geschickt zu verschleiern.

Bei Gegenständen, die vor oder während des Zweiten Weltkrieges den Besitzer gewechselt haben, kann es sich um Objekte handeln, welche im

Rahmen der „Arisierung" oder „Konfiszierung" ihren ursprünglich jüdischen Besitzern geraubt wurden. Da es sich hierbei um ein systematisches Vorgehen handelt, gehen diese Vorgänge in die Tausende.

Sehr häufig wurde bei Eigentums-übertragungen im Rahmen der Arisierung oder Konfiszierung durch eine Scheinlegalität der wahre Sachverhalt verschleiert. So liegen nicht selten ordentliche Kaufverträge vor. Diese entstanden jedoch aufgrund von Druck und Repressionen und die Kaufsummen entsprachen nicht den realen Werten. In den meisten Fällen erhielten die jüdischen Besitzer auch keinen Kaufpreis, sondern dieser wanderte auf ein sogenanntes Sperrkonto. Mit der zunehmenden Dauer der Gewalt gegen jüdische Besitzer verzichtete man auf Maskeraden und nahm sich, was man wollte, insbesondere dann, wenn die neuen Eigentürmer über eine ausreichende Macht verfügten. In einer Studie des Deutschen Museums in München wird speziell das Kraftfahrzeug als Gegenstand der Arisierung untersucht.

Wo Werte sind und Menschen bereit sind, dafür einen hohen Geldbetrag auf den Tisch zu legen, wo nicht alle Informationen zu dem jeweiligen Gut klar und auf den ersten oder zweiten Blick offensichtlich auf der Hand liegen, da tummeln sich immer auch zwielichtige Gestalten, die ein Informationsdefizit ausnutzen wollen, um dadurch schnell und einfach zu möglichst viel Geld zu kommen. Gutgläubige Unwissende können so leicht übers Ohr gehauen werden. Gerade in den letzten Jahren sind bedeutende Fälle von Fälschungen auf dem boomenden Kunst und Oldtimer-Markt bekannt geworden. „Lange Jahre war das Fälschen von Klassikern ein Problem Betuchter, die sich Boliden vom Schlag eines Mercedes SSK, Bugatti oder Porsche 550 Spyder leisten konnten. Doch inzwischen hat die Zinkerei das Brot-und-Butter-Segment erreicht, und kaum eine Marke ist mehr vor Plagiatoren sicher."

So soll es Fälle geben, wo aus einem originalen Oldtimer kurzer Hand zwei Exemplare zusammengebastelt wurden. Um diese „Streckung" zu erreichen, wird z. B. alter Stahl billig etwa aus vor vielen Jahren gesunkenen Kuttern gewonnen. Anschließend wird er gereinigt, poliert und zu Teilen eines Automobils umfunktioniert. Alt genug wäre dann dieser Stahl, aber nicht original.

> Wenn der 2,5-Mio.-$-Jaguar gefälscht ist - Oldtimer-Betrug boomt
>
> „Christian Jenny, einst IT-Chef bei der Zurich Insurance Group AG, kann davon ein Lied singen. Er verbrachte fünf Jahre damit, nachzuweisen, dass sein 1952-Jaguar-C-Type authentisch war. Zuvor war ein anderes Modell auf dem Markt mit derselben Identifikationsnummer aufgetaucht. Für den Mann, der im schweizerischen Thalwil lebt, stand mit einem Wert von 2,5 Mio. Dollar eine Menge auf dem Spiel. Er holte sich Rat von zahlreichen Experten. Die Echtheit des Fahrzeugs zu verifizieren sei eine Vorsichtsmaßnahme gewesen."
>
> Die Welt, 6. Februar 2014

Oldtimer werden sehr häufig „gesammelt". Dies muss nicht bedeuten, dass so eine „Sammlung" zwingend aus mehreren Exponaten bestehen muss. So mancher Oldtimer-Besitzer betrachtet seine zwei Fahrzeuge durchaus schon als eine veritable Kollektion. Neben vielen tausend kleinen Sammlern, die nicht selten einen beträchtlichen Teil ihres Vermögens in ihren Sammlungen binden, gibt es die großen, professionellen Liebhaber alter Automobile.

Solche leidenschaftlichen Großsammler waren zum Beispiel die Gebrüder Fritz und Frederico Schlumpf aus dem Elsass. Sie trugen zwischen 1945 und 1977 eine einmalige Sammlung von mehr als 500 Oldtimern zusammen, darunter solche Juwelen wie mehrere Bugatti Royal. In aller Heimlichkeit taten sie dies, von der Öffentlichkeit unbemerkt. Erst als ihre Textilwerke vor dem Konkurs standen und weder Forderungen der Gläubiger noch Löhne der Arbeiter ausgezahlt werden konnten, entdeckten streikende Arbeiter den Schatz.

Die Welt dieser Sammler, ob besonnen oder leidenschaftlich, im kleinen oder großen Stil suchend, ist für Außenstehende voller Irrationalität, subjektiver Aussagen und relativer Werte. Trotzdem können wir in dieser Subkultur ungeschriebene Regeln und Richtwerte feststellen und genauso finden wir verlässliche Aussagen, nach denen wir uns richten können.

Zentraler Punkt ist die Originalität. Klar gibt es auch hier Diskussionen, wie weit die Originalität gehen kann und muss. Bei den Bestandteilen eines Autos ist diese Forderung auf den ersten Blick klar. Hier müssen Originalteile her. Aber was heißt das? Wenn die Teile eines entsprechenden Fahrzeuges alle noch vorhanden sind, dann umso besser. Meist ist dies aber nicht der Fall. Woher also die fehlenden Ersatzteile nehmen? Da gibt es mehrere Möglichkeiten. Man versucht entweder, über professionelle Händler oder eine weltweit verstreute Tauschbörse Teile genau aus dem ursprünglichen Baujahr zu erhalten. Oder man kauft neue Teile, die zwar originalgetreu sind, aber eben nicht aus dem entsprechenden Baujahr stammen. Viele Automobilunternehmen bieten einen solchen Service an. Wenn gar nichts mehr geht, bleibt die manuelle Herstellung eines Teils im Rahmen einer individuellen handwerklichen Fertigung.

Die Geister scheiden sich auch darüber, wie „original" Oldtimer aussehen sollen. Sollen sie im Alter von über – sagen wir mal – siebzig Jahren noch (besser) aussehen als neu? Sollen sie ohne Kratzer und Patina am Lack daherkommen wie seinerzeit frisch aus dem Ausstellungsraum oder gehören zur Originalität auch die Gebrauchsspuren? Sollen also Oldtimer auf eine mit einer Botox-Unterspritzung vergleichbare Behandlung verzichten, um charakteristisch und authentisch zu sein?

Neben der Originalität gibt es viele weitere Kriterien. Das Alter spielt eine wichtige Rolle, um das Sammelobjekt richtig einzuordnen. Aber nicht immer ist Älteres wertvoller als Neueres! Die Seltenheit und Nachfrage nach einem bestimmten Modell spielen eine wichtige Rolle. An extrem seltene Objekte kommt man unter Umständen nur einmal im Leben oder auch nie, selbst dann, wenn man das Geld hätte, um diese zu erwerben. Der Name des Herstellers, Designers und eventuell der Fabrik (zum Beispiel für die Karosserie) ist für ein Sammelobjekt sehr wichtig. Trends und Moden spielen auch bei Sammelgebieten eine wichtige Rolle. Was heute „in" ist, kann morgen „out" sein und umgekehrt. Wer dabei Sammelobjekte antizyklisch einkauft, kann daher auch bei Trendwenden Wert und Geld gewinnen.

Oldtimer, die sich mit einem historischen Ereignis in Verbindung bringen lassen, sind natürlich meist wertvoller als andere Sammelobjekte.

Eine Echtheitsuntersuchung beim ursprünglichen Hersteller wird mit großem Aufwand, wie z. B. mit Röntgendiagnostik und nuklearen Materialprüfungsverfahren durchgeführt. So etwas kostet mehrere 10.000 Euro und lohnt sich nur für Fahrzeuge oberhalb der Millionengrenze. Aber besonders dort rentiert es sich, genauer hinzuschauen. Eine klare und umfassende Provenienzforschung bietet gegen Fälschung ein hohes Maß an Sicherheit.

Der international gestiegenen Bedeutung von Oldtimern hat der Weltverband für historische Fahrzeuge (FIVA) durch die Verabschiedung der sog. „Charta von Turin" Rechnung getragen. Damit liegt ein globales Regelwerk für die „professionelle" Sammlung und Verwendung von alten Fahrzeugen vor. Konkret wurden unter anderem Definitionen bezüglich der Nutzung, des Unterhaltes, der Konservierung, der Restaurierung und Reparatur von historischen Fahrzeugen erarbeitet. Fahrzeuge, die dieser Charta entsprechen, sind werthaltige Investitionen. Darüber hinaus hat die FIVA einen Pass für Oldtimer entwickelt, der ebenfalls die Sicherheit erhöhen soll.

Abgesehen von dem Mammon: Wer sich mit Leib, Herz und Seele für eine Sache interessiert, wer das Objekt seiner Begierde in sich aufnehmen und mit ihm sein will, den interessiert auch die Geschichte abseits eines harten materiellen Kerns. Und ein voyeuristischer Blick unter die Decke oder, wie wir hier vielleicht besser sagen dürfen, unter das Chassis war schon immer von Interesse.

Bei einem solchen Blick in das Geschichtsbuch eines Automobils geht es hauptsächlich um die Menschen, die mit ihm eine Beziehung hatten. Sie haben dieses Auto ausgewählt oder man könnte auch sagen erwählt. Warum haben sie sich gerade für dieses Auto entschieden? Was waren ihre Motive? Welche Lebensumstände haben sie zu einem solchen Kauf veranlasst? Oder hat vielleicht dieser Wagen seinen Käufer erwählt? War der Käufer vielleicht durch die ansehnlichen Rundungen der Karosserie „seines" Fahrzeuges resp. seines Aufbaus, wie man früher sagte, so fasziniert, dass er gar nichts anderes als „ja, ich will" sagen konnte? Überzeugten den Käufer vielleicht auch die „charakterlichen" Eigenschaften dieses Gefährtes? Oder waren es die Emotionen, die ein solcher Wagen in dem potenziellen Käufer wecken konnte?

Wer weiß. Wie auch immer, es ist durchaus nicht uninteressant zu wissen, was, wie und wo es damals zwischen den beiden „gefunkt" hat. Was hat also zur Konvergenz von diesem einen speziellen Fahrzeug und einem bestimmten menschlichen Individuum oder etwa einer ganz speziellen Familie geführt? Insbesondere in Zeiten, als ein Auto noch keine Massenware war und der jeweilige Käufer damals für seinen Kauf eine außerordentlich hohe Summe hat locker machen müssen.

Ein ganz gewöhnliches Inserat

Vorkriegs Mercedes 200 K Cabriolet, Bj. 1934, 6-Zylinder, teilrestauriert, zum Fertigstellen, seit 50 Jahren in letzter Hand, Festpreis € 47500,-, Tel. 09522/ 271 o. 0151/58060666

Nicht selten verbirgt sich hinter einem ganz gewöhnlichen Inserat ein völlig ungewöhnliches Automobil. Vielleicht auch hier? In der Fachzeitschrift „Oldtimer Markt" vom Oktober 2013 war obige Anzeige zu lesen. Dies schien das gesuchte Objekt zu sein! Zwei junge Männer, Raphael Koch und Michael Schläpfer, wollen sich in Bühler in der Ostschweiz selbstständig machen. Im Zentrum ihres Geschäftsmodells steht das Restaurieren alter Autos. Dies macht ihnen Spaß. Sie sind gut ausgebildet und hoch motiviert. Ihr neu gegründetes Unternehmen trägt den Namen „KS Classic Cars AG".

Ein Mercedes ist und bleibt ein Qualitätsprodukt. Gerade und insbesondere die Vorkriegsmodelle. Solide und stabil konstruiert, ausgestattet mit einer für die damalige Zeit bereits ausgefeilten Technik, optisch gefällig designed. Und nach allem, was man über diesen speziellen Typ nachlesen konnte, war und ist es auch noch heute ein gefragtes Modell. Und dass dieses angebotene Objekt nur teilrestauriert war, entsprach genau den Vorstellungen. Denn nur so ließ es sich in dem jungen Unternehmen noch veredeln und nur so war ein

Mehrwert, sprich Gewinn, zu erarbeiten. Waren die Teile des Fahrzeuges aber auch „original", lohnt es sich, auf das Angebot überhaupt einzugehen?

Nach einigen kurzen Telefonaten mit dem Besitzer wurde ein auf Vorkriegs-Oldtimer spezialisierter Gutachter des TÜV SÜD beauftragt, vor Ort das Angebot einer genauen fachmännischen Prüfung zu unterziehen.
Sein Fazit lautete:

„Mein Eindruck von dem benannten Fahrzeug ist folgender:

Die bisher ausgeführten Arbeiten, soweit einsehbar, wurden fachmännisch und mit viel Sorgfalt und Freude ausgeführt. Diese durchgeführten Arbeiten decken bereits einen großen Teil der Restauration ab. Soweit einsehbar, sind fast alle Teile des Fahrzeuges vorhanden. Lt. Aussage Herrn A: „Bis auf ein paar Kleinigkeiten."
Die Inneneinrichtung und das Verdeck muss noch vollständig restauriert werden. Sitzrahmen und Gestelle, Verdeckrahmen und Bezug (als Schnittmuster) sind auch noch vorhanden.
Ein Probelauf kann Jederzeit, nach verschiedenen Vorarbeiten (Kraftstoff, Batterie, Kühlwasser etc.), durchgeführt werden.

Zusammenfassend ist zu berichten.

1. *Das besichtigte Fahrzeug verdient in jedem Fall die Fertigstellung, denn alleine die Dokumentation ist einzigartig.*
2. *Viele ausgeführte Arbeiten sind fachmännisch und zur weiteren Restauration brauchbar.*
3. *Es ist möglich, dass noch einige Kleinteile fehlen.*
4. *Inneneinrichtung und Verdeck müssen kompl. aufgebaut werden."*

Insbesondere im Hinblick auf Punkt 1 der Prüfung wurde rasch gehandelt und das Fahrzeug nach kurzen Preisverhandlungen gekauft. Am 1. November 2013 holte Raphael das Auto. Die Verkäuferfamilie lud ihn noch zu Kaffee und Kuchen ein. Wurde vielleicht doch zu viel bezahlt?

Drei Anhaltspunkte

Nachdem alle Metallteile sortiert waren, kam ein kleiner flacher Pappkarton zum Vorschein. Neben sehr vielen technischen Unterlagen waren darin drei Anhaltspunkte, welche die Erforschung der Provenienz des Fahrzeuges ermöglichen würden.

1. *Die „Erkennungsmarke" des Arnold Mercedes. Alle dort hineingestanzten Angaben erlauben seine einwandfreie Identifizierung.*

2. *Auszug aus dem Kommissionsbuch der Mercedes AG.*
   Der Wagen wurde am 24. März 1934 über die Verkaufsstelle München an Herrn Hans Arnold, Hochfeldstr. 2 aus Augsburg ausgeliefert. Darüber hinaus sind da alle notwendigen Kennzahlen wie Motor- und Karosserienummer vermerkt. Besonders wichtig ist die R.B. Nummer (Reihen-Bau-Nummer): 10.21.17/18. Allein über diese Nummer ist eine absolut originalgetreue Restaurierung möglich, denn die R.B. Nummer erlaubt eine eindeutige Identifizierung der Spezifikation eines jeweiligen Fahrzeugs.
   10 = PKW
   21= W21 (Typenbezeichnung)
   17/18 = Gefertigte Fahrzeuggruppe.
   Über die R.B. Nummer kann die spezifische Ersatzteilliste zugeordnet werden. Für dieses Fahrzeug ist dies die Ausgabe C und innerhalb dieser Liste wiederum die jeweils „passenden" Ersatzteile.

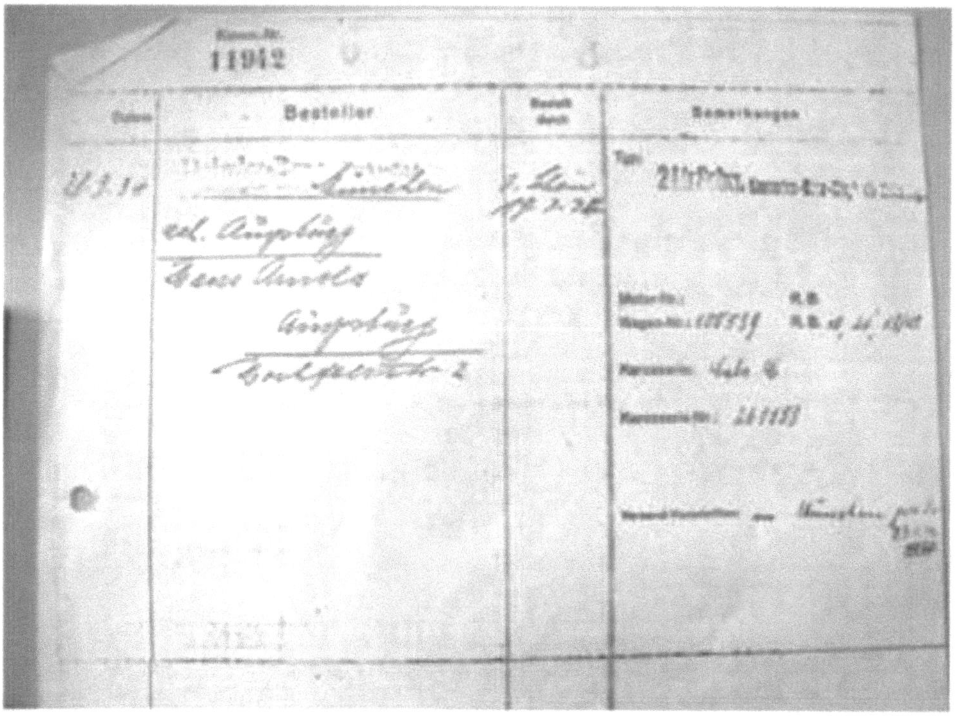
11912
Besteller

3. *Das „Vehikles Registration Book“ ausgestellt von „The Local Taxation Officer, Warwickshire County Council 8, Market Place, WARWICK“.*

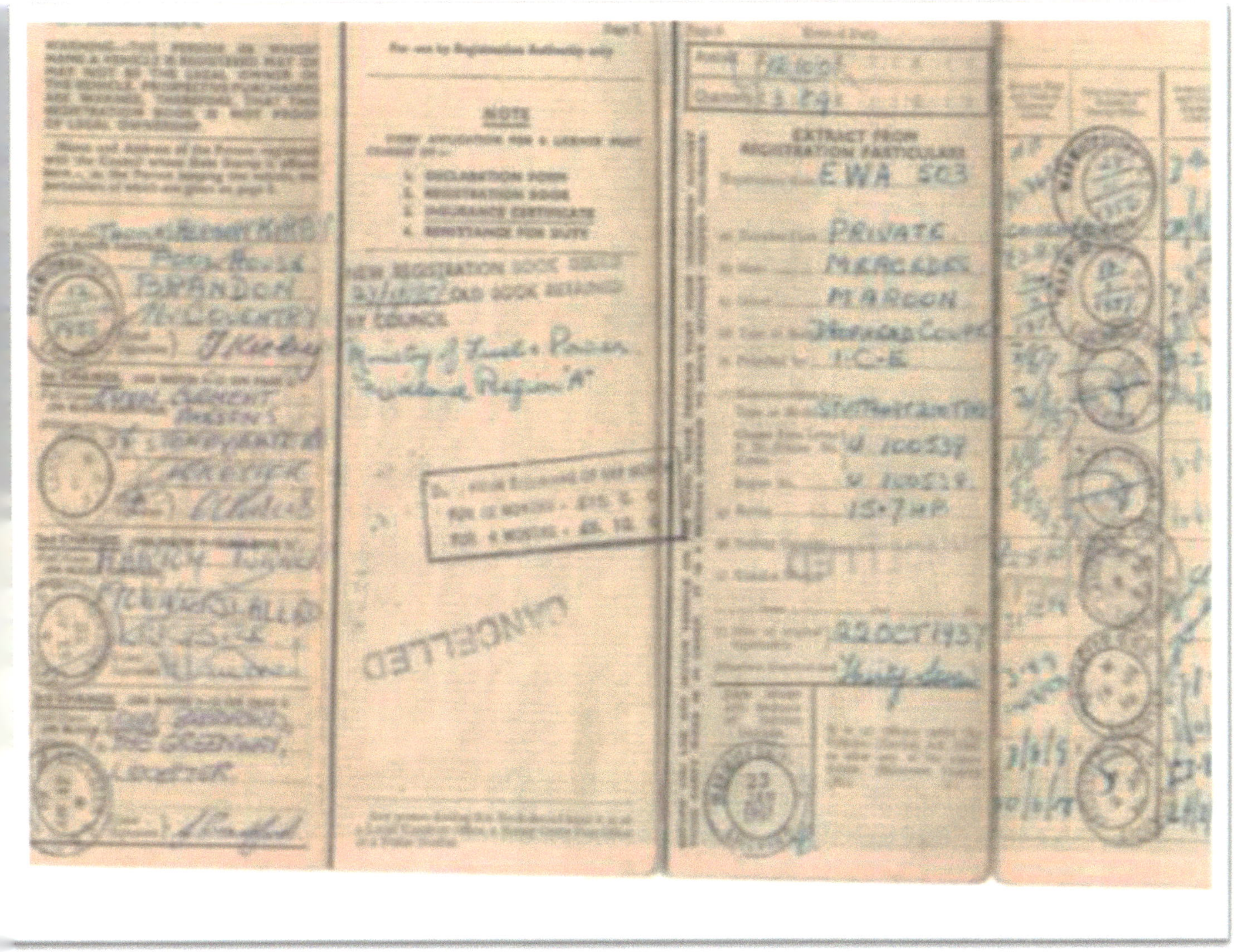

In diesem offiziellen Dokument sind alle englischen Besitzer festgehalten.

- *Thomas Herbert Kirby*
  Pool House
  Brandon
  Coventry
  Zugelassen: 12. Januar 1955

- *Owen Clement Parsons*
  56, Stoneygate Road
  Leicester
  Zugelassen: 2. November 1957

- *Harry Turner*
  190, Wintersdale Road
  Leicester
  Zugelassen: 23. April 1958

- *John Bradford*
  1, The Greenway
  Leicester
  Zugelassen: 21. Mai 1961

- *Henry Gerald Antony Bates*
  Chapel Lane, Sharnford
  Leics
  Zugelassen: 21. August 1961

Die Anzeige im Oldtimer-Markt stammte von

Leo Ankenbrand
D-97483 Eltmann,

welcher das teilrestaurierte Fahrzeug im Oktober 2010 von Antony Bates erworben hatte. Von Eltmann ging es dann nach Bühler im Appenzellerland.

Mercedes-Benz

Typ 170 (W 15)

Wir wollen uns hier zunächst mit dem Typ 170 (W15) beschäftigen, weil dieser die Grundlage unseres Mercedes Typ 200 (W21) bildete. Viele technische Neuerungen, die im 170er erstmalig angeboten wurden, kamen im neu entwickelten Typ 200 ebenfalls zur Verwendung.

Die Produktpalette der Mercedes Benz AG war im Oktober 1933, also zu der Zeit, als der Ankauf des Arnold Mercedes zur Diskussion stand, bereits äußerst vielfältig und die Produktlinien lassen sich durchaus schon damals mit unseren heutigen Begriffen klassifizieren.

So klassifizierte man in eine Kompakt- oder untere Mittelklasse sowie in eine Oberklasse. Der Typ 170 kann in die Kompakt- oder untere Mittelklasse eingeordnet werden. Er wurde im Oktober 1931 auf dem Pariser Autosalon vorgestellt und erregte weltweit Aufsehen. Der Typ 170 gilt im Nachhinein betrachtet als die bedeutendste Schöpfung des damaligen Chefkonstrukteurs Hans Nibel. Er war ein Meilenstein in der Automobilisierung des Landes. Der Typ 170 hatte als erstes Mercedes-Modell eine sogenannte „Schwingachse". Diese „Schwingachsen" „brachten von nun an allen Automobilen von Mercedes den Ruf ein, generell über ungewöhnlich sichere Fahreigenschaften zu verfügen". Neben dieser Neuerung verfügte der Typ 170 über „das Mercedes-Benz-Maybach-Schnell-, Schon- und Spargang-Getriebe", hier erstmalig in einem Produkt eingesetzt, das auf eine größere Käuferschicht ausgerichtet wurde.

Der Typ 170 wird von einem Sechszylinder-Reihenmotor mit einem Hubraum von 1692 cm^3 und einer Leistung von 32 PS bei 3200/min angetrieben. Er hat ein Dreigang-Schaltgetriebe mit zusätzlichem Schnellgang. Seine maximale Geschwindigkeit liegt bei etwa 90 Kilometer pro Stunde. Auf 110 Kilometer *verbraucht der Motor etwa elf Liter Benzin. Für die damalige Zeit war der Typ 170 recht komfortabel ausgestattet. Öldruck-Vierradbremse, Zentral-schmierung, Wasserkühlung mit Pumpe und Thermostat und ein Zünd-Lenkschloss als Diebstahlsicherung gehörten schon zur Serienausstattung. Hans Nibel konstruierte den Typ 170 als kompaktes und leichtes Auto. Sein Fahrgestell mit Motor, Antrieb und Achsen wiegt 750 Kilogramm, das fertige Fahrzeug je nach Aufbau zwischen 1.050 und 1.200 Kilogramm, Gesamtgewicht um 1.455 Kilogramm.*

Der Wagen war zunächst nur als Fahrgestell (RM 3.800,00), viertürige Limousine (4.150,00 - 4.400,00) und Cabriolet C (4.975,00) erhältlich. Beide Varianten wurden zunächst serienmäßig mit einem freistehenden Koffer am Heck geliefert. Ab 1935 wurde der Koffer harmonisch in die Karosserie eingefügt. Ab 1934 kamen eine zweitürige Limousine (RM 4.400,00), ein zweitüriger Tourenwagen (RM 5.200,00), ein Sport-Roadster (RM 5.500,00) sowie ein Sport-Cabrio A (RM 7.000,00) und ein Kübelwagen für die Wehrmacht dazu. Der Typ 170 galt als behäbig. 1936 ging die Produktion des 170er mit einem Sechszylinder-Reihenmotor zu Ende.

„Mit seinem für einen Mercedes geradezu sensationell niedrigen Preis von 4.400,00 Reichsmark wurde er zu einem Verkaufsschlager und trug wesentlich zur Verbesserung des wirtschaftlichen Ergebnisses der DBAG bei. Er erschien auch zu einer Zeit, in der der Benzinpreis 1931 sprunghaft von 16 auf 36,5 Pfennige pro Liter stieg. Sein niedriger Verbrauch war deshalb ein weiteres Verkaufsargument. Bei eingeschaltetem Schnellgang verringerte sich die Motordrehzahl beim 170er um ca. 30 %. Dadurch wurden nicht nur die Motorteile weniger beansprucht, sondern auch der Benzinverbrauch sank um 20 %.“

Typ 200 (W21) Cabriolet C

Die „Erkennungsmarke" unseres Mercedes lieferte die Anhaltspunkte für eine Anfrage an das Archiv der Daimler AG, von wo unverzüglich eine Rückmeldung kam:

„Hier daher die Auslieferungsdaten für das Fahrzeug mit der Kommissionsnummer 11942:

Fahrgestell- und Motornummer: 100539
Kommissionsnummer: 11942
Modell: Mercedes-Benz 200 (W 21)
Karosserie: Cabriolet C
Karosserienummer: 261153
Auslieferungsort und -datum: Daimler-Benz Verkaufsstelle München, 24. März 1934"

Der Typ 200 (W 21) ist als ein Mittelklassefahrzeug einzustufen. Es gab ihn ab 1933. Er war eine Weiterentwicklung des Typs Stuttgart 200 (W 02), den es schon seit 1926 gab und von dem ca. 6.500 Exemplare verkauft wurden. Gleichwohl war der Typ 200 in seiner ersten Ausführung mit dem Typ 170 näher verwandt als mit dem Typ Stuttgart, den er ablöste. Er besaß den gleichen, lediglich auf zwei Liter Inhalt aufgebohrten und mit Doppelvergaser ausgerüsteten Sechszylinder-Motor wie der Typ 170. Das Fahrgestell und die Karosserie stimmten ebenfalls
weitgehend überein.

Der Typ 200 stand als Viertürer-Limousine, als Cabriolet A und C sowie als Roadster zur Verfügung. Im ersten Jahr hatten diese noch einen flachen Kühler, der aber schon 1934 zu einer gefälligeren flachen Keilform umgeformt wurde. Der Motor leistete 40 PS. Der Kraftstoffverbrauch lag bei 13 Litern auf 100 km und der im Motorraum verstaute Tank fasste 38 Liter. Es war auch möglich, nur ein Fahrgestell zu kaufen, welches man von einer speziellen Karosserie-Werkstatt nach individuellen Wünschen aufbauen lassen konnte.

Der Typ 200 war mit Schwingachsen ausgestattet. Sie wurden vom damaligen Chefkonstrukteur Hans Nibel für das im Oktober 1931 auf dem Pariser Autosalon vorgestellte Modell 170 konstruiert. Diese Schwingachsen waren eine Neuigkeit auf dem Markt für Pkws und „brachten von nun an allen Automobilen von Mercedes den Ruf ein, generell über ungewöhnlich sichere Fahreigenschaften zu verfügen“.

Die viertürige Limousine kostete 1934 RM 5.300,00. Ein Rolldach wurde mit zusätzlich
RM 140,00 berechnet. Das Cabriolet C kam auf RM 6.200,00. Der besonders schnittige Sport-Roadster kostete RM 6.300,00. Eine Umrechnung dieser Preise auf heutige Verhältnisse ist schwer bis unmöglich. Klar ist, für einen „Normalbürger“ war ein Automobil damals unerschwinglich. Anders als heute.

Möglich war auch, nur ein Fahrgestell zum Preis von RM 4.400,00 zu kaufen. Auf ein solches Fahrgestell konnte man dann eine individuelle oder in einer kleinen Serie gefertigte Karosserie aufbauen lassen. Namhafte Karosseriehersteller, welche zum Beispiel spezielle Cabrio-Karosserien für Mercedes-Benz Fahrgestelle fertigten, waren die Gläser-Karosserie GmbH in Dresden und das Stuttgarter Karosseriewerk Reutter, das 1921 mit der Fertigung von Kleinserien für renommierte Automarken begann. Vor diesem Hintergrund einer möglichen Individualisierung der Karosserien versah Daimler-Benz seine Fahrzeuge auch häufig mit dem Zusatz „Sindelfinger Aufbauten“.

Für den Typ 200 gab es bereits in einem außerordentlichen Umfang „Sonderzubehör und außerplanmäßige“ Ausrüstungsgegenstände

„17. Arbeitsprogramm für den Fahrer

Alle 100 km Zentralschmierung durch 2 Stöße betätigen!

a) *Nach je 500 km Fahrt!*
   1. *Prüfen, ob Riemen für Windrad und Lichtmaschine richtig gespannt ist; gegebenenfalls Lagerung der Lichtmaschine entsprechend nachstellen.*
   2. *Ölstand in Kurbelwanne mittels Mess-Stab nachprüfen und gegebenenfalls nachfüllen (siehe Abschnitt 7)*
   3. *Wasser im Kühler gegebenenfalls nachfüllen! „Nicht ganz voll füllen! Das Wasser soll im Einsatzsieb gerade noch sichtbar sein.)“*

   Es folgen weitere Anweisungen mit den Nummern 4 - 6

b) *Nach je 1500 km Fahrt!*
   1. *Öl aus der Kurbelwanne ablassen und durch frisches Öl ersetzen!*
   2. *Fettbüchsen am Verteiler und Windrad nachziehen bzw. neu füllen.*
   3. *Bremsfußhebel schmieren!“*

   Es folgen weitere Anweisungen mit den Nummern 4 - 10

c) *„Nach je 4.500 km Fahrt!*
   1. *Öl aus Getriebekasten und Hinterachsantrieb ablassen und durch frisches Öl ersetzen!*
   2. *Ventileinstellungen prüfen!*
   3. *Zündkerzen reinigen!“*

   Es folgen weitere Anweisungen mit den Nummern 4 - 11.

d) *„Nach je 7 500 km Fahrt!*
   1. *Topffilter auswechseln!*
   2. *Bremsölleitungen auf Dichtheit prüfen und gegebenenfalls entlüften (siehe Abschnitt 15)!“*

e) *„Nach je 15 000 km Fahrt!*
   1. *Kurbelwanne abnehmen und mit Benzin reinigen!*
   2. *Saugkorb der Ölpumpe mit Berzin säubern!*
   3. *Vorderfedern reinigen und schmieren!“*

   Es folgen weitere Anweisungen mit den Nummern 4 - 6.

Nach 30.000 Km ist das Fahrzeug zu überholen. Hierzu werden umfangreiche Anweisungen gegeben.

Interessant ist auch Abschnitt „18. Vorschriften für die Fahrt

1. *Immer mit dem ersten Gang anfahren!*
2. *Bei scharfem Bremsen stets auskuppeln!*
3. *Um Ecken und Kurven langsam fahren, Fuß vom Gashebel; vorsichtig und nicht zu schnell fahren!*
4. *Beim Schalten von höherer auf niedrige Geschwindigkeit den Kupplungshebel zweimal niedertreten und dazwischen Gas geben, wodurch das Schalten erleichtert wird!*
5. *Bergab langsam fahren, Motor als Bremse benutzen, daher nicht auskuppeln, Fuß vom Gashebel!*
6. *In der Nähe scheuer Zugtiere den Motor abstellen oder vorsichtig fahren! Nicht schalten oder hupen neben scheuen Zugtieren!*
7. *Über frisch beschotterte Straßen nach Möglichkeit nicht fahren, lieber Umweg machen!*
8. *Im Winter nach Beendigung der Fahrt bei Frostgefahr Kühlwasser ablassen (siehe Abschnitt 16), sofern kein Frostschutzmittel zugesetzt wurde!"*

Diese Wagen waren natürlich nicht für lange Fahrten in unserem heutigen Sinne geeignet. Ganz davon abgesehen gab es noch nicht die notwendige Infrastruktur dafür. Gleichwohl werden wir noch sehen, welche Distanzen damit bereits überwunden wurden. Auch ist davon auszugehen, dass in den großbürgerlichen Familien oder den Unternehmen, die damals überwiegend Besitzer von Pkws waren, angestellte Chauffeure oder Mechaniker diese Arbeiten verrichteten.

Die Oberklasse

Der Vollständigkeit halber sei noch erwähnt, dass es eine obere Mittelklasse sowie eine Oberklasse gab. Zur oberen Mittelklasse zählte Typ 290. Vierzylinder-Reihenmotor mit 2 867 m^3 Hubraum und einer Geschwindigkeit von etwa 110 km/h. Ein sehr bequemes Reisefahrzeug mit entsprechenden Ausmaßen. Ein Cabriolet kostete 1934 RM 11.900,00.

Zur Oberklasse gehörte das Modell 550 K (W 29). Die Leistung des 5,4-Liter-Motors mit Kompressor lag bei etwas mehr als 160 PS, die Höchstgeschwindigkeit betrug ungefähr 160 km/h. Das abgebildete Cabrio dieses Typs kostete RM 22.000,00.

Daimler-Benz Niederlassung Augsburg

Unser Mercedes 200 wurde vermutlich im Herbst 1933 in der Daimler-Benz Niederlassung in Augsburg bestellt. Die Lieferfrist betrug damals ca. sechs Monate. Die Daimler-Benz Niederlassung in Augsburg hatte den Rang einer Unterverkaufsstelle mit Reparaturwerk. Ihre Geschäftsräume waren 1934 an der Ulmer Straße 34 - 38. Diese Niederlassung wurde im November 1929 gegründet. Betriebsleiter war Rudolf Golderer, der seit 1929 im Unternehmen war. Innendienstleiter war Karl Leipold. Dieser stieß erst im April 1933 zur Mercedes Benz AG.

In Augsburg wurden 1933 acht Mitarbeiter beschäftigt. Bereits sechs Jahre später, Mitte 1939, hatte sich die Mitarbeiterzahl auf 58 erhöht. Das Bearbeitungsgebiet des Augsburger Mercedes-Benz Betriebes umfasste Teile der Regierungsbezirke Schwaben und Oberbayern.

Am 24. März 1934 wurde das Fahrzeug an Hans Arnold ausgeliefert. Vermutlich wiederum in den Räumen der

„Ich erinnere mich daran, dass ich als Junge miterlebte, wie drei Wagen aus dem Fuhrpark Adolf Hitlers zur Inspektion in die Niederlassung Golderers gebracht wurden. Da im Innenhof in der Ulmerstrasse für derart grosse Fahrzeugtypen allerdings nicht ausreichend Raum vorhanden war, liess die Leibstandarte Hitlers extra eine Seitenstrasse sperren, um so Platz für die Wagen zu schaffen. Besonders beeindruckte mich damals, wie sorgfältig die Wagen poliert wurden – und noch dazu mit Watte."

Erinnerung von Georg Kaufmann. Er lebte als Kind in der Nachbarschaft der Augsburger Mercedes-Benz Niederlassung.

Daimler-Benz AG in Augsburg.

Die Unterverkaufsstellen Augsburg, Ulm und Regensburg unterstanden der Niederlassung in München, einer Hauptverkaufsstelle. Sie wurde von Direktor Jakob Werlin geführt. Werlin war ein alter Mercedes-Benz Haudegen. Er war bereits seit November 1921 in der Firma. Ab 1934 war er auch Mitglied des Vorstandes der Mercedes-Benz AG.

Daimler-Benz Niederlassung München

Der Sitz der Münchner Niederlassung war in der Dachauer Straße 112 - 114. Die repräsentativen Schauräume waren am Ritter-von-Epp-Platz 9. Heute ist es der Promenadeplatz. Damals trug er den Namen von Hitlers Reichsstatthalter in Bayern. Die Hauptverkaufsstelle München hatte Anfang 1933 insgesamt 98 Mitarbeiter. Mitte 1939 waren es bereits 477 Beschäftigte. Über die Niederlassung in München wurde ein ganzes Netz von Mercedes-Benz Unterorganisationen geführt. Im Einzelnen waren dies acht Vertretungen, 16 Vertragshändler sowie 22 Vertragswerkstätten. Von Nord nach Süd, also von Regensburg bis Landeck, Innsbruck, Kitzbühel, Zell am See und Mauterndorf, sowie von Ost nach West, also von Kempten und Augsburg bis nach Passau, Straubing und Salzburg, wurden die Kunden in Räumen bedient, über denen der Mercedes Stern wachte.

Dieses bereits engmaschige Geflecht an Organisationseinheiten mit unterschiedlichen Aufgaben spiegelt sowohl die Bedeutung von Mercedes-Benz auf dem heimischen Automobilmarkt als auch die zunehmende Motorisierung in Deutschland wider.

Jakob Werlin, geboren 1886 in Andritz, einem Stadtteil von Graz, fand 1903 eine Anstellung bei der Puchwerken AG Automobilfabrik Graz, und zwar als Verkäufer zunächst in

Budapest. 1921 kam er nach München zu Mercedes-Benz. Schon früh, so gegen 1923, hatte er Kontakt zu Adolf Hitler. Hitler muss damals öfters in die Münchner Niederlassung von Mercedes gekommen sein. Die Druckerei der NSDAP-Zeitung, des Völkischen Beobachters, war im gleichen Haus wie die Mercedes-Benz Niederlassung. Darüber hinaus war Hitler Autonarr und begeisterte sich für die Fahrzeuge mit dem Stern. Es ist nicht ausgeschlossen, dass Hitler auch durch das Markensymbol angesprochen wurde. Im Vordergrund stand aber sein Gefallen an den für die damaligen Verhältnisse technisch ausgereiften und optisch sehr kraftvoll wirkenden Modellen. „Werlin [hatte] Hitler 1923 bei einem Wagenkauf kennengelernt.“

Werlin wurde 1932 Mitglied der NSDAP und 1934 ehrenhalber Mitglied der SS. 1942 ernannte ihn Hitler zum Generalinspekteur des Führers für das Kraftfahrwesen. Im gleichen Jahr wurde er SS-Obersturmbannführer. Werlin selbst wurde mit den höchsten Orden und Ehrenzeichen dekoriert, die das Reich zu vergeben hatte. Werlin selbst nannte sich ein Freund Hitlers.

Es braucht nicht viel Phantasie, um sich vorzustellen, welche Kultur Werlin in seinem „Reich“ in und um München verordnete. Seine arischen und antijüdischen Einstellungen dürften denen der politisch führenden Köpfe der NSDAP in nichts nachgestanden haben und – wie wir es schon kurz angesprochen haben – auch er dürfte in einem vorauseilenden und natürlich zustimmenden Gehorsam die in Berlin angedachte und beschlossene arische Gesetzgebung umgesetzt haben. Es ist also kein Wunder, dass die Betreuung der jüdischen Kunden auf ein Mindestmaß zurückgefahren wurde und sich allmählich bei ihnen das Gefühl eingestellt haben dürfte, nur noch ein Mercedes-Benz-Modell von Werlins Gnaden erhalten zu haben beziehungsweise bekommen zu können.

Nach Kriegsende war Werlin ab Juli 1945 sehr kurz in US-amerikanischer Internierungshaft im Lager Moosburg. Im Jahr 1948 wurde er als Mitläufer entlassen. Ab 1951 gehörten ihm unter dem Namen J. Werlin & Söhne die Verkaufs- und Servicestellen von Daimler-Benz in Rosenheim und Traunstein. Aus diesem Unternehmen ist die AVG Vertriebs GmbH hervorgegangen, die nach dem Krieg einen bedeutenden Aufschwung erleben durfte und ein bedeutendes Geschäftsvolumen erreichte.

Daimler-Benz AG Untertürkheim

Die beiden ältesten Automobilfabriken der Welt, die Benz & Cie. AG und die Daimler-Motoren-Gesellschaft, fusionierten im Jahr 1926 zur Daimler-Benz AG. Die Autos, welche dieses Unternehmen auf den Markt brachte, hießen Mercedes-Benz. Ihr Markenzeichen wurde aus dem Emblem der beiden ursprünglichen Unternehmen entwickelt. Von Benz kam der Lorbeerkranz, Daimler lieferte den Dreizack-Stern.

Betrachtet man die Geschichte von Daimler-Benz aus unserer heutigen Perspektive, so könnte man an eine durchgängige Erfolgsstory denken. Doch dies war nicht der Fall. Die Fusion war das Resultat einer existenziellen Krise beider Unternehmen. Beide Unternehmen hatten einen tadellosen Ruf. Sie lebten stark vom Export. Mit dem Beginn des Ersten Weltkrieges versiegten die Exportmärkte. Die Produktion von Kriegsgeräten konnte diesen Ausfall nicht wettmachen. Nach dem Krieg waren die Produktionsanlagen verschliessen und erneuerungsbedürftig, die noch in der Angebotspalette befindlichen Automobile auf einem veralteten Niveau. Eine Reorganisation war dringend geboten. Die Deutsche Bank als wesentlicher Kreditgeber machte Druck.

In der neuen Daimler-Benz AG wurde zunächst nur schleppend zwischen den einzelnen Werken eine Arbeitsteilung eingeführt, die danach aber rasch zu deutlichen Verbesserungen in der Produktivität sowie der Fertigungsqualität führte. Die Pkw bis drei Liter blieben zunächst auf das Werk in Mannheim beschränkt, die 5- und 6-Liter-Modelle wurden in Untertürkheim produziert. Ab 1932 wurde die Pkw-Fertigung vollständig nach Untertürkheim verlegt. Ebenfalls in Untertürkheim befanden sich das zentrale Konstruktionsbüro sowie die zentralen Verwaltungsabteilungen. Untertürkheim wurde damit zum Stammwerk. Der Lastwagenbau blieb im Werk Gaggenau. Sindelfingen konzentrierte sich ganz auf den Bau der Karosserien. Der ursprünglich einmal im Werk Mannheim angesiedelte Karosseriebau wurde daher eingestellt.

Mit dieser Umstrukturierung war auch eine ganze Reihe von organisatorischen sowie fertigungs- und fahrzeugtechnischen Neuerungen verbunden. „1927 wurden erstmals auch Kontrollen innerhalb der Fertigung eingerichtet, denn bis dahin war nur das Endprodukt kontrolliert worden. Dazu kam noch eine Kontrolle der eingehenden Waren der Zulieferer. Dieses wichtige Instrument wurde im Laufe der Jahre zu einer beispielhaften

Einrichtung ausgebaut“, was wesentlich zur sprichwörtlich gewordenen Qualität eines Mercedes-Benz-Fahrzeuges beitrug.

Vermutlich zwei Wochen später legte ein Mitarbeiter der Verkaufsabteilung Süd in der Daimler-Benz AG in Untertürkheim im Kommissionsbuch unter der Kommissionsnummer 11942 einen neuen Vorgang an und trug die grundlegenden Daten zur Spezifikation dieses neuen Mercedes Typ 200, gerade so wie ihn Hans Arnold bestellt hatte, ein. Die Details übertrug er aus einem sogenannten Produktionsformular. Damit startete er den Fertigungsvorgang für den Arnold Mercedes.

Sowohl hinsichtlich der oben skizzierten quantitativen als auch in Bezug auf die beachtlichen qualitativen Entwicklungen kann man sagen, dass in Deutschland in der zweiten Hälfte der 1930er Jahre ein Entwicklungsniveau realisiert wurde, „das den Beginn der Massen-motorisierung signalisiert“.

Die Neuproduktion an Automobilen in Deutschland entwickelte sich von 77.333 Einheiten im Jahr 1930 auf 244.289 Fahrzeuge im Jahr 1936. Die Daimler-Benz AG steuerte zu dieser Wachstumsdynamik im deutschen Automobilmarkt einen nicht unerheblichen Teil bei. Blicken wir daher etwas auf Kennzahlen der jährlichen Produktion der Daimler-Benz AG:

Jahr	Pkw	Nfz	Mitarbeiter	Umsatz RM	Dividende
1930	5.715	2.105	10.142	98.8	keine
1931	3.297	1.973	9.686	68.8	keine
1932	5.807	1.595	9.148	65.0	keine
1933	7.967	3.520	14.312	100.9	keine
1934	11.255	5.617	22.975	146.8	keine
1935	15.199	8.459	26.997	226.1	5 %
1936	22.994	9.218	32.164	295.1	6.5%

Die Daimler-Benz AG 1933 war mit einem Marktanteil von nur 9,6 % hinter Opel 34,7 % und Auto-Union 20,1 % abgeschlagen nur an 3. Stelle. 1934 rutschte sie mit einem Marktanteil von 6,8 % hinter die Adlerwerke (7,8 %) auf Rang 4.

Die obigen Zahlen zeigen den Einbruch in der Unternehmensentwicklung als Folge der Weltwirtschaftskrise. Sie zeigen aber auch den rasanten Wiederaufstieg nach 1933. Die Automobilindustrie war ein Eckpfeiler der nationalsozialistischen Wirtschaftspolitik. Die Strategie zu ihrer Wiederbelebung hieß „Volksmobilisierung“. Wahrscheinlich dürfte aber sehr bald die Wiederbewaffnung Deutschlands im Mittelpunkt gestanden haben. Die politischen Maßnahmen zur Stärkung der Automobilindustrie waren neben dem Ausbau und der Instandsetzung des Straßennetzes mehrere direkte fiskalpolitische Maßnahmen, so zum Beispiel die Befreiung für alle ab dem 1. April 1933 neu zugelassenen Personenwagen von der Kraftfahrzeugsteuer.

Die nationalsozialistische Politik nahm nach 1933 immer direkter Einfluss auf die Automobilindustrie. Zum einen über eine „arische“ Personalpolitik, insbesondere in den Aufsichts- und Führungsgremien, also in den Aufsichtsräten und Vorständen. Mehr und mehr griffen aber auch mehrere Ministerien direkt in die Unternehmensführung ein. So gab es ab 1939 eine gesetzliche Verordnung zur

Am 28. Oktober 1933 besuchte Adolf Hitler das Werk Sindelfingen. Wir lesen in einer internen Notiz von Dr. Wilhelm Haspel an Direktor Dr. Wilhelm Kissel:

„Am Samstag Vormittag rief Herr Werlin aus München an, ob es eventl. möglich wäre, dem Herren Reichskanzler seinen in Arbeit befindlichen Nürburg-Wagen zu zeigen.

......

Der ganze Besuch hat ca. ¾ Stunden gedauert.

....

So gänzlich unvorbereitet einerseits alles kam, so sehr haben wir uns andererseits über diese Auszeichnung gefreut. Wir erblicken darin, dass der Führer seine kostbare Zeit für einen Besuch bei uns geopfert hat, ein Zeichen seiner besonderen Anhänglichkeit an den Konzern und seine Zufriedenheit mit seinen Mercedes-Wagen.“

Zeitschrift für Unternehmensgeschichte,
Band 47, S. 224 - 226.

Vereinheitlichung des Typenprogrammes. Ziel war es, eine Zersplitterung des Angebots und damit einhergehend eine Verminderung der Effizienz zu verhindern. Letztlich wurde dadurch ein staatlich gelenktes Monopol geschaffen.

Es ist nun an der Zeit, dass wir etwas auf die Beziehung zwischen der Daimler-Benz AG als Unternehmen und dem nationalsozialistischen Regime eingehen. Wir wissen bereits von den besonderen persönlichen Beziehungen des Leiters der Münchener Daimler-Benz-Niederlassung und späteren Vorstandes Jakob Werlin zu Adolf Hitler. Daneben gab es eine ganze Reihe von weiteren persönlichen Verflechtungen zwischen der Unternehmensspitze und der NSDAP.

Rasch nach 1933 wurden die Gremien der Mercedes-Benz AG mit neuen, linientreuen Köpfen umbesetzt. „Parallel zu von Strauss erneuter Installierung als Aufsichtsratsvorsitzender der Daimler-Benz AG erfolgten weitere Umbesetzungen, die dazu führten, dass bis 1934 insgesamt acht zum Teil langjährige Angehörige des Gremiums zum Ausscheiden gezwungen wurden.“ Dabei ist davon auszugehen, „dass in mehreren Fällen politische oder antisemitische Motive zugrunde lagen“. Auch vor dem Hintergrund dieser Personalpolitik wundert es daher nicht, dass sich „die Beziehungen zwischen der Daimler-Benz AG und den neuen Machthabern [...] von Anfang an gut“ gestalteten.

Kommen wir noch einmal zur Produktion unseres Mercedes zurück. Während sein Fahrwerk in Untertürkheim produziert wurde, erfolgte die Erstellung seiner Karosserie in Sindelfingen. Bis 1930 etwa wurden die Holzgerippe für den Aufbau in reiner Handwerksarbeit hergestellt. Obwohl sehr viel Wert auf ein exaktes Arbeiten gelegt wurde, führte diese Handwerksarbeit zu mehr oder minder großen Toleranzen, sprich kein Teil glich wirklich dem anderen. Deswegen mussten viele Teile vor der Endmontage angepasst und neu justiert werden. Eine Karosserie war, wenn man sie im Detail betrachtete, jeweils ein Unikat. Auch bei späteren Reparaturen (und heutigen Restaurationsprojekten) zwang diese „Einzelfertigung“ zu einer individuellen Vorgehensweise.

Später, in den Jahren nach 1930, führte man schrittweise die ersten sogenannten „Aufbauböcke“ ein. „Hierbei handelte es sich noch um relativ primitive Einrichtungen aus stabilen Holzträgern, verstärkt durch entsprechende starke Beschläge, die schon einen weitgehend maßgerechten

Aufbau gestatteten. Dadurch war es möglich, viele wichtige Beschläge in Serie in größerer Stückzahl herzustellen.“ Da jedoch viele Teile weiterhin aus Holz gefertigt wurden und das Holz trotz verschiedenartiger neuer Bearbeitungsschritte in der „Holzdämpf-Trockenanlage“ zum Verziehen neigt, gab es weiterhin Probleme mit einer passgenauen Fertigung. „Dies führte dann zu lautstark ausgetragenen Differenzen zwischen der Wagnerei und der Flaschnerei, die manchmal sogar von der Geschäftsleitung geschlichtet werden mussten.“

Mit dem Aufbau eines Pressewerkes in Sindelfingen konnten die Karosseriebleche rationeller hergestellt werden. Gleichzeitig begann man, die Bleche in einem Streckziehverfahren herzustellen, indem man die besonders stark beanspruchten Bereiche der Formhölzer mit Verstärkungen aus Metall ausstattete. Im weiteren Verlauf der Produktionsentwicklung ging man völlig auf Ziehmodelle aus Gusseisen über. Dadurch wurde es möglich, auf relativ einfache Weise einwandfrei geformte Bleche herzustellen.

Durch diese verbesserte Produktion der einzelnen Karosserieteile, mit der die ständige Nachjustierung der einzelnen Komponenten an Bedeutung verlor, konnten, beginnend mit dem Jahr 1929, vier neue Fertigungsbänder installiert werden. Die bis dahin getätigte Praxis, die einzelnen Komponenten über eine sogenannte „Ringband-Fertigung“ zusammen-zubauen, wurde aufgegeben. Die neuen Bänder hatten eine Geschwindigkeit von vier Meter pro Stunde und ermöglichten die Fertigung von 70 Karosserien pro Tag gegenüber 60 Einheiten pro Tag vor dieser Neuerung.

Dieser Mercedes 200 wurde also auf den damals neuesten Produktionslinien hergestellt. Die Passgenauigkeit der einzelnen Karosserieteile entsprach zwar nicht unseren heutigen Ansprüchen, für die damalige Zeit war die Qualität aber außerordentlich hoch. Dem Kommissionsbuch können wir entnehmen, dass seine Karosserie am 2. Februar 1934 von Sindelfingen nach Untertürkheim ausgeliefert wurde. Am 23. Februar 1934 wurde die Typenbescheinigung Nummer 44 841 ausgestellt, d. h., das Fahrzeug war fertig montiert, und ebenfalls am 23. Februar 1934 wurde unser Mercedes „per Bahn“ zur Auslieferung nach München (bzw. Augsburg) auf den Weg gebracht.

Hans Arnold

Gottfried Koch und Bettina Kaplan

Die Arnolds – Eine Familiendynastie

Die Familiendynastie der Arnolds hat nicht nur eine lange Geschichte; ihre Familienbande sind darüber hinaus weit verzweigt. Wir müssen uns daher auf die Familien und Personen beschränken, die für das Verständnis der Lebenssituation von Hans Arnold (* 4. Juni 1910), dem ersten Besitzer unseres Mercedes, wichtig erscheinen. Die Quellenlage zu den Familien Arnold ist zwiespältig. Auf der einen Seite wissen wir über die Familienstrukturen, also ihre Verbindungen und Beziehungen oder verwandtschaftlichen Grade recht gut Bescheid. Auf der anderen Seite haben wir aber so gut wie keine authentischen Informationen über deren Lebenssituationen, weil es an entsprechenden Dokumenten fehlt. Die Kriegsereignisse sowie die von den Nationalsozialisten gegen Ende des Krieges gezielt betriebene Vernichtung von Unterlagen zum jüdischen Leben haben zu diesem spärlichen Informationsstand geführt. Wir versuchen, uns über diesen knappen Informationsstand so gut und so angemessen wie es geht, hinwegzuhelfen.

Vorab lassen sich schon die Familienstrukturen der Arnolds durch zwei wesentliche Elemente skizzieren. Die Familien Arnold und so gut wie ihr gesamtes soziales und verwandtschaftliches Umfeld waren seit vielen Generationen fest im jüdischen Glauben verwurzelt. Gleichzeitig waren weite Teile ihrer Verwandtschaft sowie ihres Bekanntenkreises mit dem Baumwoll- und Textilgeschäft verbunden. Hier waren die Arnolds unternehmerisch tätig und aus dieser Tätigkeit heraus erwirtschafteten sie ihr Vermögen. Die Religionszugehörigkeit spielte die dominante Rolle im Leben der Arnolds. Sie war deren Fundament. Für die Identität solch weltoffener jüdischer Unternehmer-Familien spielten aber noch weitere Faktoren eine wesentliche Rolle: Lebensführung, Gruppenloyalität, Namensgebung, Bildungseifer, Selbst- und Fremdverständnis, Heiratsverhalten und familiäre Netzwerke. Alle Aspekte beeinflussten sich wechselseitig.

Die Netzwerke bedeutender jüdischer Familien waren überregional und multinational. Hier lernten deren Mitglieder ein großräumiges Betrachten von Märkten und Zusammenhängen, was für ein erfolgreiches Unternehmertum von großem Vorteil war. Jüdische Familien verstanden sich viel besser als andere Minderheiten darauf, ihre Familienbande für geschäftliche Zwecke zu nutzen. Eheschließungen erfolgten nicht selten ebenfalls um diese großen Netzwerke herum. Man kannte und achtete sich über Generationen und verband so persönliches Wertschätzen mit strategischem Denken rund ums familiäre Unternehmertum.

Wir werden alle oben erwähnten Merkmale in den folgenden Biografien von Mitgliedern der Arnold'schen Familiendynastie mehr oder minder ausgeprägt wiederfinden.

Arthur Abraham Arnold

Arthur Abraham Arnold (* 9. August 1880 in Augsburg) war mit Frau Greta Franziska Arnold, geborene Landauer (* 17. Februar 1989), verheiratet. Grete Landauer[1] entstammte der Augsburger Textilunternehmer-Familie Heinrich Landauer. Die Landauers waren genauso weitverzweigt wie die Arnolds und genauso tief im Baumwoll- und Textilgeschäft verwurzelt wie diese.

Ein Cousin von Grete Landauer war der bekannte Architekt Fritz Landauer, ein Spezialist für jüdische Sakralbauten. Er war gemeinsam mit Heinrich Lömpel federführend beim Bau der neuen Synagoge in Augsburg, die heute noch „besticht […] durch ihre grandiose Raumwirkung und die dekorative Gestaltung mit einem ausgeklügelten ikonographischen Programm".

Arthur Arnold hatte drei Geschwister:

- Luise (Louise), verheiratete Ellinger (* 1873),
- Emilie, verheiratete Dessauer (* 1874)
- Benno (* 1876)

[1] Das Foto in der Mitte zeigt Grete Landauer (rechts) mit ihrer Mutter Bettina Landauer, geb. Stein

Grete und Arthur Arnold hatten drei Kinder:

- Hans Arnold (* 4. Juni 1910), der erste Besitzer unseres Mercedes
- Eleonore, genannt Ellen (* 21. Oktober 1912)
- Wilhelm Albert (* 8. September 1915)

Die Arnolds und ihr Umfeld gehörten dem Großbürgertum an; sie waren nicht nur vermögend, sondern hatten auch eine herausragende gesellschaftliche und soziale Stellung.

Die Familie Arthur Arnold wohnte in der Hochfeldstraße 2/II. Arthur Arnold kauft dieses Haus 1924 zu gleichen Teilen mit Robert Lerchenthal. Lerchenthal war Chef der jüdischen Privatbank August Gerstle.

Die Lage am nördlichen Ende der Hochfeldstraße bot den Arnolds einen freien Blick über den in eine breite Ringstraße verwandelten Eserwall hinweg auf die Stadtkirche St. Ulrich und Afra. Das Haus in der Hochfeldstraße 2 wurde im Stil der Neurenaissance errichtet. Es hatte einen sogenannten polygonalen (vieleckigen) Erker, Logen und eine reich dekorierte Schaufassade. Man sah es diesem vierstöckigen Haus an, dass es „hochherrschaftliche" Wohnungen beherbergte.

Die Einrichtung der Arnold'schen Wohnung war vornehm und im Stile des Großbürgertums der Gründerzeit möbliert. „So bestand die wertvoll eingerichtete Wohnung aus Antiquitäten, die meistens von der Fa. Berheimer in München stammten." Darüber hinaus „[...] hatte Herr Arthur Arnold eine bekannte Silbersammlung, die aus alten Bechern usw. bestand". Die wertvollen Möbel sowie die Silbersammlung hatten einen Wert von geschätzten 200.000 RM.

Der Antiquitätenhändler Berheimer aus München zählte und zählt noch heute zu den ersten Adressen seiner Art auf der Welt. „1864 gründete Lehmann Bernheimer den Kunsthandel in München und handelte mit feinsten Stoffen und Teppichen – später bot er seinen Kunden auch italienische Möbel, französische Antiquitäten, Tapisserien, Porzellan und andere Kunstgegenstände an. Um 1900 ging der europäische Hochadel beim „königlich bayerischen Hoflieferanten" ein und aus, amerikanische Magnaten wie William Randolph Hearst zählten zur ausgesuchten Kundschaft. Nachdem die Familie Bernheimer 1939 nach Nord- und Südamerika auswanderte, kehrte Otto Bernheimer kurz nach dem zweiten Weltkrieg nach Deutschland zurück – und nahm den Kunsthandel wieder auf."

Arthur Abraham Arnold wurde nach dem Krieg im Rahmen eines Schadenersatzverfahrens vom federführenden Rechtsanwalt zusammenfassend als ein „angesehener und sehr wohlhabender Kaufmann" beschrieben.

Hans Arnold

Hans Arnold wurde am 4. Juni 1910 in Augsburg geboren. Er besuchte das Realgymnasium in Augsburg und schloss dieses 1929 mit dem Abitur und Reifezeugnis ab. Danach studierte er eine kurze Zeit an der Universität Frankfurt, um anschließend am staatlichen Technikum für die Textilindustrie in Reutlingen ein Diplom zu erwerben. Anschließend absolvierte er mehrere Praktika in verschiedenen Textilunternehmen.

Hans Arnold hatte eine als privilegiert zu bezeichnende Kindheit und Jugend verbracht. So war er bereits in seiner Jugend mehrmals und/oder für längere Zeit im Ausland und hat dort, wenn man das so salopp ausdrücken will, ein internationales Flair erfahren. Hans scheint schon immer autobegeistert gewesen zu sein.

Wir wissen, dass er bereits mit 15 Jahren einen Reisepass beantragt und erhalten hat. Dies können wir den Bemerkungen hinter seinen Eintragungen auf dem Familienbogen seines Vaters Arthur Arnold entnehmen, die das Augsburger Stadtarchiv wie folgt entziffert hat: „4. Juni [19]10 hier (= Augsburg)

Hochfeldstraße 2, isr[aelitisch], R[eise]p[ass] (Nr.) B 2153 / (ausgestellt am) 18.12.25 /(befristet bis 19)27. Unklar bleibt die Zahl 30, was evtl. bedeuten könnte, dass der RP bis [19]30 verlängert worden ist." Möglicherweise ist das vorstehende Foto mit dem kleinen Strandwagen auf einer dieser Auslandsreisen gemacht worden. Es zeigt Hans mit einem motorisierten Vehikel an einem Strand.

Im Anschluss an sein Studium und seine Ausbildung arbeitete Hans Arnold[2] in der „Fabrikleitung" der Spinnerei und Weberei am Sparrenlech. Ab 1934 war er Geschäftsführer. Hans Arnold erhielt „ein Gehalt von zuletzt RM 440.00, wozu noch eine Weihnachtsgratifikation in etwa gleicher Höhe kam". Die eigentliche Bezahlung erfolgte jedoch über „das Gewinnkonto seines Vaters Arthur Arnold".

Am 12. Juli 1938 heirateten Hans Arnold und die aus Bamberg stammende Hildegard Schütz (16. November 1912) in London. Auf die Umstände dieser Hochzeit werden wir noch zu sprechen kommen.*

Hildegard Schütz war die Tochter von Joseph Schütz (31.08.1880) und seiner Frau Gretchen (* 16.08.1986). Joseph und Gretchen Schütz heirateten am 14.04.1910 im Standesamt von Nürnberg-Lorenz. Nach der Eheschließung zogen sie von Hirschaid ins nahe Bamberg. Die Familie Schütz war jüdischen Glaubens. Hildegard hatte noch einen Bruder Wilhelm Wolfgang (* 14.10.1911 in Bamberg, † 15.04.2002 in Köln.). Wilhelm Wolfgang Schütz sollte im Nachkriegs-Deutschland eine bedeutende Rolle spielen.*

Josef Schütz war Inhaber der Korbwarenfabrik „Schütz & Co" Die Schütz'sche Korbwarenfabrik war in Bamberg, Luitpoldstraße 23 angesiedelt. Josef Schütz war gleichzeitig Mitinhaber der Korbwarenfabrik Bergmann & Co. Diese Fabrik war nicht unbedeutend. Sie verfügte bereits 1902 über „70 eigene und

[2] Beim Foto handelt es sich nicht um unseren Mercedes 200 Cabrio. Es dürfte sich um das Fahrwerk eines Mercedes 170 mit einer individuell angefertigten Karosserie gehandelt haben.

130 Heimarbeiter. 1909 erfolgte die Fusion mit der Lichtenfelser Firma Hourdeaux zur „Aktiengesellschaft für Korbwaren- und Kinderwagen-Industrie Hourdeaux-Bergmann“.“ Nimmt man alle angeschlossenen Unternehmensteile zusammen, dann arbeiteten 1930/30 über 1.000 Familien in Heimarbeit und „ferner rund 125 Angestellte und Arbeiter“ dort. Wir wissen nicht, wie hoch der Anteil der Familie Schütz war. Aber aufgrund der Tatsache, dass diese Beteiligung im amtlichen Familienbogen vermerkt wurde, kann angenommen werden, dass die Anteile an der Bergmann KG über 25 % lagen.

Hildegards Mutter, Gretchen Schütz, verstarb am 27. Januar 1939 im 54. Lebensjahr. Joseph Schütz wanderte nicht lange danach am 6. Juni 1939 nach London aus. Seine Adresse dort war London NW11 9AJ, 23, Sneath Avenue. Die heutigen Bilder dieser Straße und des Stadtviertels zeigen eine gutbürgerliche Wohngegend. Man ist dort etwa neun Kilometer von dem Trafalgar Square, also dem Zentrum von London entfernt.

„Hilde war sehr hubsch als junge Madchen. Und Hans mochte die Madchen!“ So erzählen die beiden heute noch lebenden Feldberg-Zwillinge. Wo und wie sich Hans und Hildegard näherkamen, wissen wir nicht. Ihr gemeinsamer jüdischer Glauben dürfte eine Rolle gespielt haben. Möglicherweise haben sich auch Hans und Hildegard über Emilie und Julius Dessauer kennengelernt. Die Dessauers wohnten wie Hildegard Schütz in Bamberg. Vielleicht hat auch unser Mercedes dabei eine Rolle gespielt. Bamberg und Augsburg trennen etwa 220 Kilometer. Vermutlich war da Hans mit unserem Mercedes öfters hin- und hergefahren. Mit einer Pause dürfte Hans etwa vier Stunden unterwegs gewesen sein. Wenn er es ganz eilig hatte, war es vielleicht auch ohne Pause in drei Stunden zu schaffen.

Das Verhältnis der großbürgerlichen Familie Arthur Arnold zu Hildegard Schütz und ihrer Familie war vielleicht nicht gänzlich ungetrübt. Wir dürfen davon ausgehen, dass die Familie Schütz eher Handwerker als Fabrikbesitzer waren, auch wenn sie Anteile an der Hourdeaux-Bergmann AG hatten. Außerdem lag der Geschäftsbereich der Familie Schütz nicht in der Textilbranche. Wir dürften auch nicht falsch liegen, wenn wir die Familie Schütz nicht im Groß-, sondern im gehobenen mittelständischen Bürgertum ansiedeln. Die Familie Schütz war gesellschaftlich und finanziell nicht mit den Arnolds und Kahns zu vergleichen.

Die Arnolds waren nach Meinung der Feldberg Zwillinge: „Important jewish industrialists assimilated Jews in the textile industry in German.“ Wir wissen von den Feldberg-Zwillingen weiter: „Hilde Schuetz von Bamburg - Ehefrau von Hans. Sie haben verheiratet in London. Die Eltern von Hans (Arthur & Grete Arnold) haben nicht akzeptiert Hilde […] vielleicht war sie von ein niederen Schichten.“

Eleonore Arnold

Eleonore, genannt Ellen Arnold (21. Oktober 1912), besuchte zunächst die St. Ursula Mädchenschule, die von Dominikanerinnen geführt wurde, um später auf das Maria-Theresia-Gymnasium zu wechseln. Vermutlich hatte sie das Gymnasium nicht mit dem Abitur beendet.*

Am 4. Mai 1932 heirateten auf dem Standesamt in Augsburg Eleonore Arnold und der Textilindustrielle Walter Feldberg (29. Juni 1898) aus Stettin. Die Eheschließung ist im Augsburger Standesamtsregister von 1932 unter der Nummer 391 und im Aufgebotsverzeichnis von 1932 unter der Nummer 353 vermerkt. Trauzeugen waren Benno Arnold sowie Julius Landauer. Beide waren Onkel von Ellen. Julius Landauer war ebenfalls im Textilgeschäft tätig. Auf ihn werden wir noch zu sprechen kommen.*

Ellen scheint aufgeregt gewesen zu sein. Wer kann es ihr verdenken? So unterschrieb sie die Urkunde zunächst noch mit „Arnold", strich den „alten" Namen durch, um sich gleich darauf in „Feldberg geb. Arnold" zu verbessern.

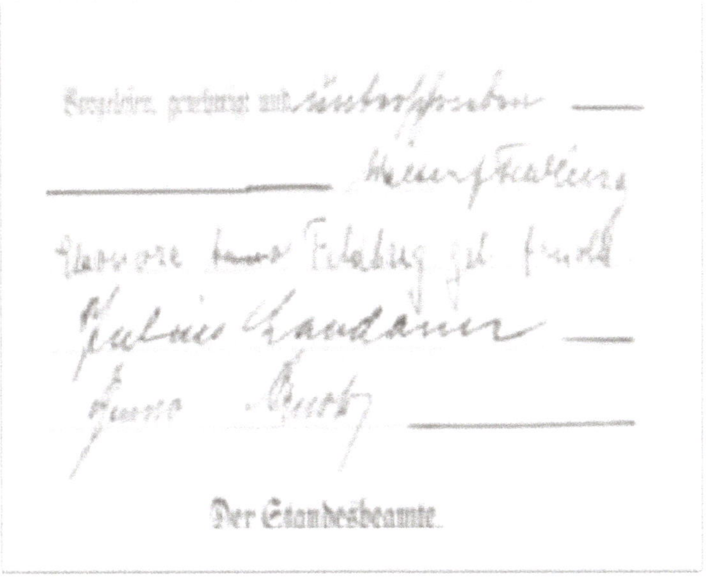
unterschrieben
Julius Landauer
Der Standesbeamte.

Die Hochzeit wurde im Hotel „Drei Mohren“ in der Maximilianstraße in Augsburg, dem ersten Haus am Platze, gebührend gefeiert. Das Hotel „Drei Mohren“ steht in unmittelbarer Nähe zu den Augsburger Fugger-häusern. Auf dem Foto der Hochzeitsge-sellschaft sehen wir:

- *1. Reihe, 2. von links Grete Arnold, die Brautmutter*
- *1. Reihe, 3. von links Arthur Arnold, der Vater der Braut*
- 2. Reihe, 1. Von link Anna Kahn Arnold (Frau von Benno Arnold; Tante von John und Ellen)
- *2. Reihe, 2. von links (vermutlich) Julis Landauer (Trauzeuge)*
- *2. Reihe, 6. von links Else Feldberg, Schwester von Walter Feldberg*
- *2. Reihe, 7. von links Wilhelm Arnold*
- *3. Reihe, 1. Von links* Julius Landauer (Onkel von John und Ellen)
- *3. Reihe, 2. von links Benno Arnold*
- *3. Reihe, 2. von links Hans Arnold*
- *3. Reihe, 4. von links Marguerite Feldberg, Schwester von Walter Feldberg.*

Die anderen Personen sind unbekannt.

Ellen Arnold und Walter Feldberg haben sich über Hans Arnold in Arosa beim Skifahren kennengelernt. „It is said that Hans met Walter skiing and that is how Eleonore and Walter met.“ Ellen und Walter Feldberg waren nach dem Krieg mindestens noch einmal im Winter in Arosa.

Walter Feldberg hatte an seinem „Hochzeits-Frack“ ein Eisernes Kreuz Erster Klasse aus dem Ersten Weltkrieg. Wie viele andere Deutsche jüdischen Glaubens hatte er für sein Vaterland an der Front gedient und dabei ganz offensichtlich in einer außerordentlichen Situation Mut und Tapferkeit bewiesen.

Per 31. Juli. 1932 meldete sich Eleonore Feldberg, geb. Arnold, nach Stettin ab. Das Foto rechts zeigt das Haus der Feldbergs in Stettin im heutigen renovierten Zustand.

Am 30. Januar 1933 wurden in Stettin die Zwillinge Else und Ursula Feldberg geboren. Die Geburt dieser beiden Mädchen wurde am 31. Januar 1933, also einen Tag nach Hitlers Machtergreifung in der Deutschen Allgemeinen Zeitung unter Familiennachrichten bekannt gegeben.

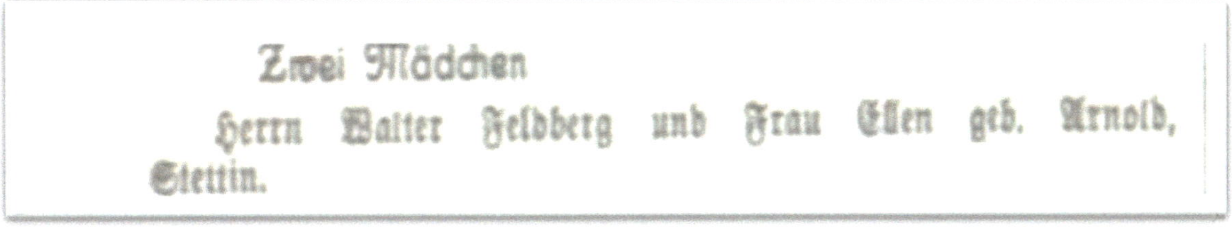

Zwei Mädchen

Herrn Walter Feldberg und Frau Ellen geb. Arnold, Stettin.

Walter Feldberg und Hans Arnold mit den Zwillingen.

Wilhelm Albert Arnold

Über Wilhelm Albert Arnold (8. September 1915) wissen wir nur wenig. Wir können davon ausgehen, dass er nach seiner Ausbildung ebenfalls für die Spinnerei und Weberei am Sparrenlech tätig war. Einer Passagierliste der MS Eisenau können wir entnehmen, dass der 22-jährige deutsche Student Wilhelm Arnold von Singapur kommend am 27. Juni 1937 in Southampton ankam. Gebucht hatte er über den „North German Lloyd". Einer Sterbeurkunde des Londoner Distriktes Paddington vom 24. Juli 1937steht, dass der „Salesman Wilhelm Albert Arnold" am 20. July 1937 in der Oxford Terrce in Paddington leblos aufgefunden wurde. Die Todesursache wurde mit Selbstmord durch Kohlenmonoxidvergiftung angegeben.*

Aus der Sunderland Echo and Shipping Gazette vom Freitag, den 23. Juli 1937, erfahren wir die Hintergründe:

„Suicide After Love Affair – Young German's 14 Months Happiniess. A tracic letter written before his suicide was read at the Paddington inquest on Wilhelm Albert Arnold, a German salesmann, who gassed himself at a boarding-house in Oxford Terrace Paddington, where he had been staying since arriving in England from Singapore last month. Mr Ingleby Oddie said that a document the man left indicated thad Arnold got into troble with a married woman, an this had cuse a great deal of disturbance and unhappiness. In a letter found on a chair Arnold wrrte: „I have had 14 months of my life in wihich I was really happy on account of a person whom I loved an wo loved me. As I found out at the end of this period that I was not wanted any more I decidet to take this step. I gambled to-day the rest of my money and will die penniless. I have full possession of al my senses. May God forgive me." A verdict of „Suicede while of unsound mind" was returned."

Benno Arnold

BENNO ARNOLD

Benno Arnold (21. November 1886) heiratete am 16. Februar 1902 Anna, geb. Kahn (* 14. Dezember 1882). Anna Kahn hatte noch neun Geschwister. Die Ehe von Benno und Anna Arnold blieb kinderlos.*

Benno besuchte das Realgymnasium in Augsburg und genoss im väterlichen Textilunternehmen eine kaufmännische Ausbildung. Darüber hinaus war er für eine längere Zeit zu Ausbildungszwecken in Paris. Er war gemeinsam mit seinem Bruder Arthur und seinen Schwägern Alfred und Bertold Kahn Miteigentümer von Textilunternehmen.

In der Augsburger Öffentlichkeit war Benno das „Gesicht" der Arnolds. Seit 1920 war er Stadtrat der Deutschen Demokratischen Partei (DDP). Den Protokollen des Stadtrates von Augsburg ist zu entnehmen, dass er dort ein sehr aktives Mitglied war. Bei der Stadtratssitzung vom 17. Februar 1933 war er letztmalig anwesend. Am 3. März 1933 fehlte er „entschuldigt". Anschließend wird Benno Arnold dort nicht mehr erwähnt.

Lange Jahre war Benno Arnold zweiter Vorstand der israelitischen Kultusgemeinde in Augsburg und später deren letzter Präsident. Darüber hinaus wurde von ihm eine Reihe von Ehrenämtern in karitativen Einrichtungen und Vereinen wahrgenommen. So war er ab 1936 mit der Leitung des jüdischen Altersheimes in der Frohsinnstraße 21 betraut. Ebenso war er im evangelischen Johannisverein, einem Vorläufer des heutigen Diakonischen Werkes, aktiv engagiert.

Benno Arnold wohnte, wie dies damals durchaus üblich war, in unmittelbarer Nähe seines Unternehmens in der Remboldstraße 1. Dem Brief eines Zeitzeugen ist zu entnehmen: „Der Betrieb war nach 'streng-altdeutschen' Prinzipien aufgebaut gewesen. Ein Mann namens Turtur lebte mit seiner Familie auf dem Betriebsgrundstück, so dass er bei Tag und Nacht gerufen werden konnte,

falls irgendetwas nicht in Ordnung war, und er entweder die notwendigen Schritte selbst einleitete oder in besonderen Fällen den Herrn Arnold benachrichtigen konnte, nach der normalen Arbeitszeit nach 6 Uhr abends. Ich führe das nur an, um zu zeigen, dass die Fabrik strenge Zucht aufrechterhielt. Andererseits, im Privatleben, waren die Besitzer außerordentlich feine Leute, die immer bereit waren, anderen, nicht reichen Leuten, auszuhelfen. Ein Teil des Synagogenbaus wurde von ihnen finanziert."

Anna und Benno Arnold besaßen noch ein Landhaus am Ufer des Ammersees, „das gastlich den Freunden offen stand. In einer Zeit, in der für Juden der Aufenthalt in Gaststatten, ja auch in der Natur, kaum mehr möglich war, bildete das Haus und das Ufer an dem See und der See selbst den sonntäglichen und oft längeren Aufenthalt der eng zusammengeschlossenen Freunde. Benno Arnold war ein großzügiger Mensch und ein großartiger Freund; er und seine feinsinnige Frau machten diese Stätte zu einem Zufluchtsort für seine Familie und Freunde."

Luise Ellinger, geb. Arnold

Luise Ellinger[3] *(* 1873), geborene Arnold, wird als eine „sehr gebildete Frau" beschrieben. Sie „interessierte sich einerseits für Oper, Theater und Konzert, andererseits war sie auch geübt im Bridgespiel. Außerdem war sie Mitglied im Israelitischen Frauenverein."*

Luise (Louise) war verheiratet mit dem Augenarzt Dr. Albert Ellinger. Albert und Luise Ellinger wohnten in Karlsruhe. Zunächst in der Kaiserstraße 197, später in einem vom bekannten Architekten Hermann Billing entworfenen Jugendstilbau in der Stephanienstraße 66. Hier befanden sich auch die Praxisräume des Augenarztes Dr. Albert Ellinger. Er entstammte der Familie des jüdischen Zigarrenfabrikanten Salomon Ellinger aus Stuttgart.

Die Eheleute Ellinger hatten einen Sohn Hermann (1895) sowie zwei Töchter, Käte und Gertrud. Die beiden Töchter konvertierten im Februar 1914 zum Protestantismus. Für Luise dürfte dies nicht einfach zu verkraften gewesen sein. Weitere Schicksalsschläge folgten. Ihr Sohn Wilhelm fiel kurz vor dem Ende des Ersten Weltkrieges am 15. Oktober 1918. Ein Jahr später, am 12. Oktober 1919, verstarb ihr Ehemann an einem Herzinfarkt. Ihre Tochter Gertrud starb 1920 mit nur 26 Jahren vermutlich an einer angeborenen Zuckerkrankheit.*

Ihre zweite Tochter Käte heiratete 1928 den jüdischen Arzt Dr. Karl Mayer. Das Ehepaar Käte und Karl Mayer lebte zunächst in Berlin. 1931 kehrte es nach Karlsruhe zurück, um in der vormaligen Augenarztpraxis des Schwiegervaters eine private Frauenklinik zu betreiben. Luise Ellinger bezog

[3] Auf dem Bild rechts mit Tochter Käthe, Foto von 1939.

zunächst eine Wohnung in der Bismarckstraße 21, dann in der Stephanienstraße 30. Nachdem Karl Mayer 1938 die Approbation entzogen wurde und er nach der Reichskristallnacht gezwungen wurde, sowohl die Praxis als auch die Wohnung mit großem Garten zu „verkaufen", emigrierte er gemeinsam mit Käte und den Zwillingen (1932) Renate und Wolfgang in den Iran, wo seine Schwester Erika verheiratet war.*

Luise Ellinger war nun in Karlsruhe alleine.

Emilie Dessauer, geb. Arnold

Emilie Arnold (1874) heiratete 1896 Julius Dessauer (* 1866). Dieser war der Sohn des Hopfengroßhändlers Siegmund Dessauer. Julius selbst wurde ebenfalls Hopfenhändler. In Bamberg, wo er und Emilie in der Hainstraße 8 wohnten, führte er die alteingesessene Hopfenhandlung „Emanuel Dessauer". Julius und Emilie Dessauer bewohnten eine repräsentative Villa im sog. Hainviertel. „Dieses Viertel zwischen Schützenstrasse und Hainstrasse verdankt seine Entstehung Mitte des 19. Jahrhunderts vor allem der wohlhabenden Schicht der damaligen Bamberger Judengemeinde. Es ist geprägt vom „Repräsentationswillen" dieser Gemeindemitglieder und der Funktion als Zentrum des jüdischen Hopfenhandels."*

Emilie und Julius Dessauer hatten zwei Kinder: Dr. jur. Friedrich Dessauer (26. Januar 1897) und Dr. rer. pol. Marie Dessauer (* 28. April 1901). Friedrich emigrierte 1936 nach Kanada, Marie 1934 nach England.*

Marie Dessauer wurde eine der renommiertesten Wirtschaftswissenschaftlerinnen ihrer Zeit. Im Jahr 1929 verbrachte sie ein paar Monate an der London School of Economics. Vier Jahre promovierte sie bei Eugen Altschul in Frankfurt. Nach ihrer Emigration besuchte sie an der London School of Economics Seminare bei Friedrich August Hayek und Lionel Robbins. Auch Altschul, dem in Deutschland die Venia legendi entzogen worden war, emigrierte zunächst nach London. Von Juli 1937 an arbeitete Marie Dessauer als Forschungsassistentin für den späteren Nobelpreisträger Hayek. Marie Dessauer forschte gemeinsam mit prägenden Nationalökonomen wie Theodore Gregory und Lionel Robbins.

Ab April 1939 mussten die Dessauers in Bamberg im Zinkenwörth 17, in einem sog. „Judenhaus", ihre Bleibe finden. „Ab 1939 war sie [die ehemalige Speisegaststätte "Weiß-Tauben-Bräu" in Zinkenwörth 17] als eines der „Judenhäuser" das erste Ghetto in der Geschichte Bambergs."

Der Industriebesitz der Familien Arnold

Augsburg war ein Zentrum der bayerischen Textilindustrie und die beiden Textilunternehmen der Familien Kahn und Arnold zählten zu den bedeutendsten Unternehmen in Augsburg. Für die wirtschaftliche Entwicklung der Region Schaben und der Stadt Augsburg waren sie von einer wesentlichen Bedeutung.

Gemeinsam mit Aron Kahn (1841 - 1926) gründete Albert Arnold 1869 die Spinnerei und Weberei am Sparrenlech (Kahn und Arnold). Die Nachfahren dieser Gründer, Arthur und Benno Arnold sowie Alfred und Berthold Kahn, führten die Unternehmung später fort. Der Familiengeschichte des Rabbi Leopold Stein aus Frankfurt können wir entnehmen, dass Arthur Arnold als „the liberal head of the textile factory Kahn & Arnold, Augsburg" bezeichnet wird.

Zu Beginn des Ersten Weltkrieges (1914) waren in der Spinnerei und Weberei am Sparrenlech 800 Webstühle installiert. Etwa 800 Mitarbeiter waren damals beschäftigt. 1937 waren es 1.143 Webstühle und 940 Mitarbeiter. „Es wurden nicht nur Gewebe aller Art aus Baumwolle hergestellt, sondern man handelte auch mit Baumwollgeweben und verfügte über ein Zweiggeschäft in Berlin." Die Repräsentanz in Berlin befand sich in der Heilig-Geist-Straße 12. „Die Firma ist durchaus zuverlässig, leistungsfähig und genießt besten Ruf, heißt es in einer Auskunft, welche die Industrie- und Handelskammer Augsburg 1930 erteilt."

Baumwolle, die der wesentliche Rohstoff war, den die Arnold'schen Unternehmen verarbeiteten, wird, geografisch gesehen, in den zwischen dem 43° nördlicher und 36° südlicher Breite gelegenen tropischen und subtropischen Gebieten Mittelamerikas, Indiens und Asiens – dem sog.

Baumwollgürtel – angebaut. Die Unternehmen der Arnolds mussten viele internationale Beziehungen unterhalten haben.

Am Anfang der Industrialisierung war es vor allem die Textil- und Bekleidungsindustrie, die das Bild einer sich verändernden Wirtschaftsstruktur prägte. Mit der Baumwollindustrie begann die große industrielle Revolution. Die großen Spinnereien und mechanischen Webereien waren die ersten Orte, in denen das traditionelle Handwerk abgelöst wurde. Die bis dahin vielerorts zu Hause arbeitenden Weber, Spinner oder Sticker sowie Schuster und Schneider waren nicht mehr in der Lage, ihre Erzeugnisse in einer Güte, Masse und günstigen Preisklasse herzustellen, wie sie die schnell wachsende städtische Bevölkerung benötigte.

Ursprünglich waren die meisten Textilindustriellen Händler, die ihr Geschäft ausweiteten und so von Handelsleuten zu Unternehmern mutierten, die sich eine Spinnerei, eine Weberei oder eine Konfektion angliederten. Von daher erklärt es sich zu einem gewissen Teil auch, warum eine große Anzahl jüdischer Händler in die Rolle von Textilindustriellen wuchs. Meist begann es, wie bei den Arnolds auch, mit großen Spinnereien und Webereien in der Baumwollindustrie.

Wir wollen die Kehrseite dieser Zentralisierung und Automatisierung der Textilindustrie nicht vergessen. Gerhard Hauptmann hat diese in seinem Drama „Die Weber“ beschrieben. Es sind die verarmten Lohnweber, die durch diese Industrialisierung in Armut und Hunger getrieben werden.

Es fällt heute auf, dass dieser Industriezweig an den alten Standorten nahezu völlig ausgestorben ist. So wurde auch der ursprünglich den Arnolds gehörende Industriebesitz 1996 aufgegeben. 1999 wurden die Werksanlagen abgebrochen. Die Gründe für diesen Niedergang der alten Textilindustrie liegen aktuell sicherlich in der wirtschaftlichen Globalisierung und der Verlagerung von Arbeitsplätzen an kostengünstigere Standorte. Es ist aber auch festzustellen, dass die nationalsozialistische Verfolgung gerade in dieser Branche eine nach dem Krieg nie wieder zu ersetzende unternehmerische Lücke gerissen hat.

Die Arnold'schen Unternehmen besaßen bereits eine Reihe von zukunftsweisenden Wohlfahrtseinrichtungen. So bestanden „Wohnhäuser für Angestellte und auch für Arbeiter, dann wurde eine Arbeitersparkasse (ohne Beitrittszwang) errichtet. In dieser werden Einlagen bis zu 300 Mark mit fünf, bis zu 1000 Mark mit 4,5 und über 1000 Mark mit 4 Prozent verzinst. Die freiwilligen Einlagen hatten 1902 eine Höhe von 45 000 Mark. Dann wurde ein besonderer Unterstützungsfonds von 35 000 Mark für solche Arbeiter errichtet, welche die Invalidenrente beziehen. Ganz besondere Anerkennung und Nachahmung verdient auch die Gründung eines eigenen Wöchnerinnen-Fonds für verheiratete Arbeiterinnen."

Neben dem Stammhaus, der Spinnerei und der Weberei am Sparrenlech (Kahn und Arnold) hatten die Arnolds mit ihren Schwägern Berthold und Alfred Kahn auch die Mehrheit (87,5 %) am Aktienkapital der Neuen Augsburger Kattunfabrik (NAK). Darüber hinaus besaßen sie weiteren Industriebesitz. Zum einen über direkte Beteiligungen, wie etwa an der Mechanischen Baumwollweberei Eningen GmbH, und zum anderen über den Besitz von Aktien an bedeutenden deutschen Industriegesellschaften und Finanzinstituten.

Die Familie Feldberg war seit 1932 über die Heirat mit Eleonore mit den Arnolds verschwägert. Wie die Arnolds auch waren die Feldbergs im Textilgeschäft tätig. Die „G. u. B. Feldberg, Herrenkleiderfabrik Stettin-Berlin“ wurde 1874 von Gustav Feldberg gegründet. Sein Bruder Benno Feldberg trat sehr bald als Miteigentümer in das Unternehmen ein. Ursprünglich befasste sich das Unternehmen mit dem Detailverkauf von Damen- und Kinderkonfektion. Von diesen Artikeln wurde schon in früheren Jahren ein Teil des Bedarfs selbst gefertigt. Ebenso stellte man Knaben- und „Jünglingskleidung“ her.

Das Unternehmen nahm einen ungeahnt schnellen Aufstieg, sodass sich die Inhaber einige Jahre später veranlasst sahen, das Detailgeschäft aufzugeben, um sich ganz der Fabrikation widmen zu können. Im Jahr 1910 wurde der Geschäftssitz in den „Paradehof“ am Paradeplatz in Stettin verlegt. Das nebenstehende Bild vermittelt einen Eindruck von der Größe und Bedeutung des Unternehmens. Über dem Eingang, wir können es aufgrund *der Grüsse des Bildes nicht erkennen, steht in großen Buchstaben „Gustav Feldberg“.*

Die Gründer des Unternehmens Gustav und Benno Feldberg starben im Januar 1919 bzw. im Dezember 1926. Für sie traten die Söhne Walter und Dr. Siegbert Feldberg im Juli 1919 und März 1926 als Inhaber ein, nachdem sie bereits längere Zeit vorher im Unternehmen tätig waren.

Im liberalen Judentum verwurzelt

Grete Landauers Großvater war Rabbi Leopold Stein, der in Frankfurt wirkte. Ebenso war Albert Dann dessen Enkel. „Stein galt als äußerst gemäßigter Vertreter der jüdischen Reformbewegung." Das sog. liberale Judentum wird auch als progressives Judentum bezeichnet. Diese jüdische Strömung bildete in Deutschland bis zum Beginn des Zweiten Weltkrieges die Mehrheit. Kennzeichen dieses Liberalismus war zum Beispiel, dass in der Liturgie neben Hebräisch auch die Landessprache verwendet wurde sowie das ausdrückliche Bekenntnis der jeweiligen Gemeinde zur Demokratie und sozialen Gerechtigkeit innerhalb und außerhalb der jüdischen Gemeinschaft. Als ein Indiz für die liberale Orientierung der Augsburger jüdischen Gemeinde kann zum Beispiel die Einführung der Orgel sowie „Chorgesang und deutscher Predigt" gewertet werden, die „im Gegensatz zu Fürth, München und Nürnberg nicht zu sichtbarem Widerstand der Orthodoxie" führte.

Auszug aus „Vier Schwestern"
Dann, Lotte (S. 143):

„Überhaupt spielte die Tatsache, dass wir jüdisch waren, eine wichtige Rolle in unserem Leben. Nicht etwa, dass wir orthodox gewesen wären; im Gegenteil wir waren stolz, von einem der führenden Reformer und Erneuerer des Judentums abzustammen, unserem Urgrossvater Leopold Stein, der Rabbiner in Frankfurt gewesen war. Es gab Schweinefleisch bei uns und auch andere jüdische Diätvorschriften wurden nur beachtet, wenn jemand zu Gast kam, von dem man wusste, dass er Wert auf deren Einhaltung legte. Aber auch abgesehen von der Verpflichtung, sich immer und überall tadellos zu benehmen und niemals etwas zu tun, was den Antisemitismus rechtfertigen konnte, war man sich seines Judentums sehr bewusst. An den Feiertagen und gelegentlich auch am Freitagabend ging man in die Synagoge und wir wussten natürlich auch, dass Vater Synagogen-Vorstand war und sich sehr dafür einsetzt, dass der Gottesdienst ruhig und würdig verlief."

Der Anteil der Juden in Augsburg betrug 1925 nur etwa 0,7 % (ca. 1.100 Personen) gemessen an der Gesamtbevölkerung von etwa 160.000 Einwohnern. Ihre Bedeutung für das städtische Leben war jedoch ungleich größer, da unter ihnen sehr viele einflussreiche Unternehmer, Bankiers, Ärzte und Rechtsanwälte waren. Aus dem Umfeld der Familien Arnold waren damals im Vorstand der jüdischen Gemeinde Albert Dann und Hugo Landauer. 1932 wurde Benno Arnold, der zu dieser Zeit gleichzeitig Mitglied des Stadtrates war, als 2. Vorsitzender in den Vorstand gewählt.

Das jüdische Leben in der Öffentlichkeit stand häufig im Spannungsfeld zwischen der Anpassung an die nicht jüdische Umgebung und der Angst vor dem Verlust der eigenen Identität. Viele Juden versuchten, im nichtreligiösen Alltag die Lebensweisen ihrer christlichen Nachbarn nachzuahmen. Gleichzeitig sahen sie ihren Glauben als Konfession neben den beiden christlichen Glaubensrichtungen. Dennoch waren die assimilierten Juden weit davon entfernt, in der deutschen Gesellschaft und Kultur völlig aufzugehen.

„Die Art und Weise der gesellschaftlichen Integration der Augsburger Juden unterschied sich kaum von der in anderen Städten. Obwohl die jüdischen Kinder ausschließlich christliche Schulen besuchten, jüdische Gewerbetreibende in großer Zahl christliche Kunden hatten, blieben gesellschaftliche Kontakte eher die Ausnahme. Ehen zwischen Juden und Christen sowie Konversionen waren in Augsburg äußerst selten. Im Verhältnis zu anderen Städten zeigten sich die Augsburger Juden politisch wenig aktiv."

Der Beschluss, in Augsburg eine neue Synagoge zu bauen, wurde 1913 gefasst, 1914 wurde ihr Grundstein gelegt. Die Leitung des Neubaus lag in den Händen von Fritz Landauer und Heinrich Loempl. „Am 4. April wird in Anwesenheit zahlreicher Gäste das neue Gebäude der Synagoge in der Halderstrasse feierlich eingeweiht und eröffnet. Die Gesamtkosten des Baues betrugen 610072 Mark. Die Architekten, die Ingenieure und die Bauarbeiter wurden mit bayrischen Orden ausgezeichnet." In zahlreichen Pressemitteilungen, überwiegend aus nicht jüdischen Federn, wird die neue Augsburger Synagoge „zu den besten und wertvollsten Lösungen des modernen Kultbaues" gezählt. Die Familien Arnold finanzierten einen Teil des Synagogenbaus.

Die jüdische Kultusgemeinde führte ein aktives Leben. Im Jahr 1916 arbeiteten in der Gemeinde 122 Personen in sozialen Stiftungen, wie zum Beispiel den Vereinen für Jugendfürsorge oder Hauspflege sowie dem Betrieb eines Wöchnerinnenheims. In 18 rituellen Gruppen engagierten sich weitere Gemeindemitglieder.

Der Nationalsozialismus

Vorbemerkung

Ziel der Nationalsozialisten war es, eine nach rassistischen Kriterien aufgebaute „Volksgemeinschaft“ zu formen. Die Würde des Einzelnen hatte keine Gültigkeit mehr, es zählt nur noch sein Wert für das Volk. Aus der „Volksgemeinschaft“ fielen Juden sofort heraus.

Wir müssen uns diese „Politik“ als einen wellenartigen Vorgang vorstellen, der sich nach Phasen einer gewissen Ruhe mit jeder neuen Welle immer weiter hochschaukelte. „Der Verfolgungsprozess, dem die deutschen Juden in der Nazi-Zeit ausgesetzt waren, entfaltete sich seit der Machtergreifung Hitlers mit einer sehr wechselhaften Dynamik. Perioden heftiger Angriffe und einschneidender legislativer Massnahmen – wie dem Judenboykott und dem Berufsbeamtengesetz vom April 1933, den Nürnberger Gesetzen vom September 1935 oder dem Novemberpogrom von 1938 mit den nachfolgenden Gesetzen – wechselten mit Abschnitten nur schwacher antijüdischer Aktivitäten. Zuweilen schien der erreichte Stand der Entrechtung sich nicht weiter zu verschlimmern, und eine Phase relativer Ruhe brach an. Dann aber kam es wiederum zu gewaltsamen Ausbrüchen, denen auf dem Fuß Gesetzesverschärfungen folgten. Nach derartigen, in Wellen auftretenden „Höhepunkten“ fand sich der jüdische Lebensraum jedes Mal um ein weiteres Stück eingeschränkt.“

Umsetzung der nationalsozialistischen Politik

Judenboykott

Als Judenboykott bezeichneten die Nationalsozialisten den Boykott jüdischer Geschäfte, Warenhäuser, Banken, Arztpraxen, Rechtsanwalts- und Notarkanzleien. Sofort nach der Machtergreifung wurde ein derartiges Signal der neuen Politik geplant und am Samstag, dem 1. April 1933, in ganz Deutschland durchgeführt. Mit Schildern versehene Parteifunktionäre forderten die Mitbürger auf: „Deutsche wehrt Euch. Kauft nicht bei Juden.“

Boykotte und andere Drangsalierungsmaßnahmen erwiesen sich mit der Zeit als wirksame Mittel. Insbesondere, weil staatliche Stellen, die Partei und Wirtschaftsverbände Hand in Hand arbeiteten und sich dabei auf eine breite Zustimmung aus der Bevölkerung verlassen konnten, denn die Ausschaltung und Vertreibung der Juden versprach die Befreiung von lästigen Konkurrenten.

Josef Schütz

Korbwarenfabrik Bergmann & Co., Hirschhaid

Josef Schütz, der spätere Schwiegervater von Hans Arnold, war an der Korbwarenfabrik Bergmann & Co. in Hirschaid maßgeblich beteiligt. An den Ortseingängen von Hirschaid brachte die Gemeindeverwaltung 1935 Schilder mit der Aufschrift „Juden unerwünscht" an. Daraus ergab sich der nebenstehende Schriftwechsel. Die Korbwarenfabrik Bergmann & Co. wurde 1943 beschlagnahmt. Ab 1945 nahm sie ihren Betrieb wieder auf.

Nachdem Josef Schütz 1939 nach London emigriert war, wurde die Schütz'sche Korbwarenfabrik in Bamberg,

Rudolf Schäfer, Betriebsleiter der Korbwarenfabrik Bergmann, in einem Brief an die Gemeindeverwaltung in Hirschaid, in dem er sich über diese Schilder an den Ortseingängen bitter beklagt:
„Wir erhalten heute nun wiederum gleich zwei Briefe, in dem einen wird uns mitgeteilt, dass wir zur kommenden Leipziger Messe boykottiert werden und gleichzeitig erhalten wir von unserem Vertreter in Düsseldorf die Nachricht, dass ein Besuch unseres Unternehmens hier in Hirschaid sowie zur Messe nicht mehr in Frage käme und wir sollten dafür Abhilfe schaffen, dass die Tafeln entfernt würden."

Antwort der Gemeindeverwaltung vom März 1935:
„Zur Zeit sind Sie mit Ihrem Betrieb voll auf beschäftigt; ein Zeichen, dass es im nationalsozialistischen Staat vorwärts geht (vor zwei Jahren war dies nicht der Fall). Dies haben Sie mit Ihrem gesamten Personal nur unserem Führer zu danken, der auch dafür sorgen wird, wenn Juden und Emigranten nichts mehr von Ihnen kaufen. Wie viele Geschäfte und Firmen sind vor der Machtübernahme durch ihr Bekenntnis zur NSDAP wirtschaftlich zugrunde gegangen. Für Ihre Firma kommt das heute nicht mehr in Frage, denn die Firma leidet nicht mehr unter dem Druck des früheren Systems, sondern unter dem Schutz des Nationalsozialismus."
Aus: Bayerischer Landesverein für Heimat-pflege (Hrsg.): Schöne Heimat, Band 98, 2004, Heft 4, S. 225.

Luitpoldstraße 23, im Jahr 1941 von „amtswegen" aus dem Handelsregister gelöscht.

Arisierung

Der Begriff „Arisierung" bezeichnet zum einen „den Eigentumstransfer von „jüdischen" in „arischen" Besitz, zum anderen den Prozess der wirtschaftlichen und gesellschaftlichen Verdrängung der Juden und der Aneignung ihres Eigentums durch zahlreiche private Nutznießer wie auch durch den deutschen Staat". Die „Arisierung" erfolgte weitgehend unter dem formalen Deckmantel eines privatwirtschaftlichen Verkaufes. Meist erfolgte dieser „Verkauf" unter massivem Druck. Die Palette dieses Druckes reichte vom Judenboykott, von behördlichen Repressionen wie etwa ständigen Kontrollen der Buchhaltung und Einhaltung von Vorschriften über einschränkende Verordnungen für jüdische Unternehmen bis zu physischer Gewalt, indem die jüdischen Eigentümer etwa in sog. Schutzhaft genommen wurden, wo sie der Folter ausgesetzt waren.

Viele jüdische Unternehmer und Geschäftsleute, aber auch sonstige missliebige Personen wurden in Schutzhaft genommen. Jeder wusste das und jeder hatte einen Bekannten, dem dies widerfuhr. Bewusst wurden zunächst die direkten Eigentümer geschont und stattdessen gezielt Angestellte aus den Unternehmen jüdischer Besitzer willkürlich eingesperrt. „Von der Polizei wurden [am 9. März] ca. 100 Menschen, darunter die Leiter des größten Handelsunternehmens der Stadt die Brüder Landauer verhaftet." Auch Max Gift, jüdischer Geschäftsführer des Kaufhauses Landauer in Augsburg, wurde einen Tag vor dem Judenboykott vom 1. April 1933 in Schutzhaft genommen.

Wir wissen, dass Arthur Arnold mindestens zwei Mal in Schutzhaft war. So schrieb Else Eckart: „Sein Bruder und Geschäftsmitinhaber Arthur Arnold wurde zweimal verhaftet und eingesperrt." Einmal war dies nach der Übertragung seiner Vermögenswerte im August 1941. Hinweise zum anderen Hafttermin und dessen Zeitraum liegen uns nicht vor.

Den jüdischen Besitzern blieben im Zuge der Arisierung grundsätzlich zwei Möglichkeiten, um ihre Unternehmen aufzugeben:

a) *Die Liquidation oder Auflösung der Firma. Dabei wurde das Geschäft eingestellt und mitsamt seinen noch bestehenden Verpflichtungen abgewickelt. Ein liquidiertes Geschäft schied vollständig aus der Wirtschaft aus. Diese Methode war die zahlenmäßig verbreitetste. Sie wurde bei vielen kleinen Gewerbetreibenden und Verkaufsgeschäften angewendet.*
b) *Die Arisierung des Unternehmens, also die Weiterführung des Unternehmens durch einen arischen Nachfolger. Hier gab es wiederum zwei Verfahren:*

- *Die Erweiterung eines bestehenden Betriebes.*
- *Die Weiterführung durch eine neu gegründete Gesellschaft.*

Nun wäre es falsch anzunehmen, dass die ehemals jüdischen Besitzer über den Erlös hätten verfügen können. Meist wurden Konstruktionen gewählt, die ihnen nichts, bestenfalls ein Bruchteil überließen. Die Durchführungspraxis zeigte hier eine große Variantenvielfalt.

G. u. B. Feldberg Herrenkleiderfabrik Stettin-Berlin

„G und B Feldberg was bought by Odermark and the factory was moved to Goslar ... Now I believe Goslar sold to another company and I think the factory in Goslar no longer exists (since 2012)“, schreibt in einer E-mail die Enkelin von Walter Feldberg.

Ähnliches können wir auch nachlesen: „Victor Hollaender floh 1934 in die USA. Siegbert Feldberg, der Sohn seines früheren Stettiner Arbeitgebers emigrierte mit seiner Sammlung expressionistischer Kunst, welche jetzt als „entartet“ galt im gleichen Jahr nach Indien; die international anerkannte Firma der Familie mit ihrem 1911 grösszügig neuerbauten Geschäftshaus am Stettiner Paradeplatz wurde „arisiert“ und in Firma unbenannt.“ Die Marke „Feldberg“ wurde 14. Januar 1958 von den neuen Eigentürmern der Odermark Bekleidungswerke, Gosslar gelöscht.

Noch heute gibt es die „Odermark fashion outlet“. Unter diesem Label werden unterschiedliche Marken angeboten. Unternehmensrechtlich gehört Odermark zur Bugatti Holding Brinkmann GmbH & Co. KG. In deren veröffentlichten Informationen ist von der G. u. B. Feldberg Herrenkleiderfabrik keine Rede mehr.

Spinnerei & Weberei am Sparrenlech/Neue Augsburger Kattunfabrik

Die miteinander verschwägerten Familien Arnold und Kahn besaßen neben der Spinnerei & Weberei am Sparrenlech die Aktienmehrheit an der Neuen Augsburger Kattunfabrik (NAK). „Schon im Jahr 1933 „wirft das Dritte Reich die ersten Schatten auf das Unternehmen. Die Deutsche Reichsbahngesellschaft erkundigt sich in Augsburg, ob Kahn & Arnold als jüdische Firma zu sehen sei, und erhält über die Teilhaber Alfred Kahn, Benno Arnold, Arthur Arnold und Bertold Kahn die Auskunft: „Sämtliche Genannten sind Juden." Einige Zeit später verlangt das Wirtschaftsministerium einen nationalsozialistischen ‚Vertrauensmann'"

Vorgeschlagen wird ein Kaufmann und Disponent, der schon 15 Jahre in der Firma tätig und arisch ist. Es ist bereits „vertraulich" mit ihm Fühlung aufgenommen worden, heißt es in der Korrespondenz, von

Kattunfabrik übernimmt Kahn und Arnold

„Bei der Neuen Augsburger Kattunfabrik schliesst das Geschäftsjahr 1937 nach ausreichenden Rückstellungen und nach Zuweisung von 125 000 RM an die Unterstützungskasse, von 20 000 RM an die Pensionskasse und von 75 000 RM an eine neu gebildete Wohnungsbaurücklage mit einem Reingewinn von 136 246 RM.

……

Der am 12. Juli stattfindenden Hauptversammlung wird die Verteilung einer Dividende von 8 Prozent vorgeschlagen.

….

Es ist beabsichtigt, das Grundkapital der Gesellschaft unter Ausschluss des gesetzlichen Bezugsrechts der Aktionäre um nom 1,5 Mill. RM auf 3 Mill. RM zu erhöhen, um den Erwerb der Anlagen und Vorräte der benachbarten Spinnerei und Weberei am Sparrenlech, Kahn & Arnold zu ermöglichen. Dieser Betrieb soll nach Übergang in den Besitz der Neuen Augsburger Kattunfabrik als Zweigwerk möglichst in unveränderter Weise fortgeführt werden."

Neue National Zeitung vom 21. Juni 1938.

der die Firmeninhaber vermutlich nichts ahnen."

Die Familien Kahn und Arnold übertrugen also mit dem Ende des Geschäftsjahres 1937, wie wir auch dem Bericht der Neuen National Zeitung entnehmen können, die Spinnerei und Weberei am Sparrenlech, Kahn & Arnold auf die NAK AG. Dafür erhielten sie neue Aktien der NAK in einem Gegenwert von nominell 1,5 Millionen Reichsmark. Diese waren zu verkaufen und in Reichsanleihen anzulegen, die erst nach dem Krieg fällig geworden wären. „Durch diese Auflagen hatten die Familien Kahn und Arnold für die Anlagen ihrer Spinnweberei also nichts bekommen." Gleichzeitig mussten sie ihre ursprüngliche Mehrheitsbeteiligung an der NAK AG auf insgesamt 25 % reduzieren. „Aber auch dieser Restbetrag musste zur Aufbringung von Steuern und Abgaben bis auf einen geringen Teil verkauft werden." Die Familien Kahn und Arnold verloren somit per Mitte 1938 ihr gesamtes Industrievermögen.

Zur Übertragung der Spinnerei & Weberei am Sparrenlech Kahn & Arnold KG auf die NAK liegt ein „Vertrag über das Einbringen von Grundbesitz und sonstigen Gegenständen in eine Aktiengesellschaft und Auflassung" vom 12. Juli 1938 URNr. 1024/1938 vor, welcher vom Notariat Dr. jur. Alfred Edel, Notar in Augsburg, ausgefertigt wurde und im Textil- und Industriemuseum in Augsburg verwahrt wird. Vor dem Notar erschienen damals vonseiten der Spinnerei & Weberei am Sparrenlech Bertold Kahn, vonseiten der NAK deren Vorstandsmitglied Fritz Piepenburg und Dr. Karl August Metzger, stellvertretendes Vorstandsmitglied. Vonseiten der Familien Arnold war niemand vertreten. Herr Bertold Kahn war innerhalb der Kommanditgesellschaft „alleinberechtigter Gesellschafter". Vermutlich waren auch Benno und Arthur Arnold Kommanditisten, also ebenfalls Gesellschafter, die in vollem Umfang mit ihrem Privatvermögen für das Unternehmen hafteten.

Man könnte nun spekulieren, warum lediglich Bertold Kahn an dieser so wichtigen Vertragsausfertigung teilnahm. Waren es rein rationale Gründe? Es reichte ja schließlich, wenn einer der vertretungsberechtigten Gesellschafter anwesend war, und was hätte es denn geändert, wenn alle versammelt gewesen wären? Vielleicht hatte auch nur noch Bertold Kahn die Kraft zu diesem Akt der Selbstauflösung.

Aufseiten der NAK AG fällt auf, dass deren langjähriger Vorstandsvorsitzender Kommerzienrat Dr. Walter B. Clairmont per 1. Januar 1938 „aus Gesundheitsgründen", wie die Neue Augsburger Zeitung in einem Betrag vom 6. Januar 1938 unter der Überschrift „Ein Lebenswerk im Dienste deutscher Weltgeltung" schrieb, ausgeschieden war. An seine Stelle trat Fritz Piepenburg.

Walter Clairmont wurde also gerade in dem Moment in den Ruhestand versetzt oder, besser ausgedrückt, entmachtet, als seine Vertrauten und alten Weggefährten, die Kahns und Arnolds, ihren Besitz verloren. Clairmont wurde schließlich über mehrere Jahre von den Mehrheitseigentümern der NAK AG, also den Familien Kahn und Arnold, als Vorstand und dessen Vorsitzender bestellt. Kann es sein, dass sein Rücktritt aus „Gesundheitsgründen" auch mit seiner Loyalität zu diesen alten Patriarchen im Zusammenhang stand, und kann es sein, dass er vielleicht auch selbst ein Opfer der Arisierung geworden war? Wir wissen es nicht.

Auf der anderen Seite ist es nicht ungewöhnlich, dass ein 70-Jähriger seine Position in einem Unternehmen aufgibt. Und wir dürfen hier auch nicht vergessen, dass Walter Clairmont nach seinem Rücktritt als Vorstandsvorsitzender noch einige Jahre stellvertretender Vorsitzender des Aufsichtsrates war. Möglicherweise hatten ihm die neuen Herren damit eine Feigenblatt-Funktion übertragen, möglicherweise aber auch nicht.

Clairmont verlor auch 1937 seine Position als Präsident der Augsburger Industrie- und Handelskammer. Sein Nachfolger wurde Robert Eisenmeier, ein bekennender Nationalsozialist, der in Personalunion „Hauptbearbeiter" des Gauwirtschaftsberaters Otto Jung war. Der IHK kam zur damaligen Zeit im Rahmen der Arisierung als zentrale „Genehmigungsbehörde" eine entscheidende Rolle zu.

Die Familien Arnold hatten ihren Industriebesitz verloren.

Die Immobilien der Familie Arthur Arnold

Im Laufe des Jahres 1939 verloren die Arnolds auch ihren Immobilienbesitz, darunter auch ihr Wohnhaus in der Hochfeldstraße 2. Ein „Vertrag" mit der Geschäfts-Registernummer 1400 vom 22. August 1935 gibt darüber Auskunft. Die Arnolds „verkauften" für 170.000 RM eine Reihe von Grundstücken inkl. der sich darauf befindlichen Immobilien. Die Kaufsumme wurde auf ein Sperrkonto bei der Dresdner Bank überwiesen, über das die Arnolds aber nicht verfügen konnten, denn „[...] der abgeschlossene Kaufvertrag durch den der Dipl. Ingenieur Arthur Israel Arnold in Augsburg die Grundstücke [...]. Der Stgde. Augsburg um den Kaufpreis von 170 000 RM an die Stadt Augsburg verkauft hat, wird hiermit gemäß den Paragraphen 8, 15 und 17 der Verordnung über den Einsatz des jüdischen Vermögens vom 3.12.1938 (RGBl. I S. 1709 (unter der Voraussetzung genehmigt, dass der Kaufpreis auf ein Sperrkonto des Verkäufers bei der Dresdner Bank, Filiale Augsburg, einbezahlt wird, über das nur mit Zustimmung des Finanzamtes Augsburg-Stadt verfügt werden darf."

Die Dresdner Bank fungierte während der Zeit des Nationalsozialismus, wie Anne Seith in einem Beitrag im Spiegel ausführlich beschreibt, als „Hitlers willige Banker".

Die sonstigen Vermögenswerte der Familie Arthur Arnold

Am 25. Januar 1939 gab es vom Reichwirtschaftsministerium eine erneute Anweisung. Nun wurde es Juden verboten, Gegenstände aus Edelmetallen zu besitzen, zu kaufen oder zu verkaufen. Alles musste an die örtlichen Leihhäuser abgeliefert werden. Also gaben die Arnolds allen Schmuck und die sonstigen Vermögenswerte ab, darunter die bereits erwähnte wertvolle Silbersammlung. Die antiken Möbelstücke fielen offenbar einer Plünderung zum Opfer, nachdem die Arnolds ihre Wohnung hatten verlassen müssen.

Die Arnolds lebten noch. Sie waren aber ausgeraubt und weitgehend mittellos.

Emigrieren oder bleiben?

Vorbemerkung

Zwischen den jüngeren Ausreisewilligen und den älteren Familienmitgliedern, die meist bleiben wollten, dürften sich bewegende Gespräche und Diskussionen abgespielt haben. Die Eltern dürften zwischen dem Willen, ihre Kinder in eine Sicherheit zu entlassen, und dem Wunsch nach einem standhaften Bleiben hin und her geschwankt sein. Bereits um 1933 wanderten viele Juden aus. Diese frühen Auswanderer lassen sich grob in zwei Kategorien einteilen. Zum einen waren es Juden, welche Opfer physischer Gewalt wurden. Ein Geschlagener und menschlich tief Gedemütigter verlässt das Land eher als jemand, der diese Schmerzen und Erniedrigungen (noch) nicht erfahren musste und noch auf eine gewisse Besserung hofft. Viele dieser frühen Auswanderer waren sich vermutlich zum Zeitpunkt ihrer Ausreise gar nicht sicher, ob ihre Flucht in ein dauerhaftes Exil münden würde oder sollte. Die zweite Gruppe waren international vernetzte Unternehmer, die des Öfteren im Ausland waren und somit leichter auf einen ausländischen Wohnsitz zurückgreifen konnten.

Auszug aus Vier Schwestern
Lotte Treves (S. 168/169)

„Während dieses kurzen Aufenthaltes daheim [Juli - August 1938] versuchte ich vergeblich, meine Eltern und Schwestern zu überzeugen, dass sie nicht länger in Hitler-Deutschland bleiben sollten. Die Antwort war immer die gleich. Die der Eltern: Wir sind alte Leute, was soll man uns schon tun; wenn wir ins Ausland gehen, müssen wir unseren Töchtern zur Last fallen. Die Antwort der Schwestern: solange die Eltern daheim sind gehen wir nicht fort."

Anmerkung:
Im März 1939 flüchteten die Eltern über Mailand nach Palästina. Auch die Schwestern emigrierten.

Die Nationalsozialisten waren zunächst bestrebt, die jüdischen Bürger aus Deutschland zu vertreiben. Gleichzeitig waren sie bemüht, den Transfer des inländischen Vermögens ins Ausland zu unterbinden. Bereits 1931 wurde eine

„Reichsfluchtsteuer" begründet, die im Laufe der Zeit ausgedehnt und stetig erhöht wurde. Darüber hinaus wurden schon seit 1934 zahlreiche Einschränkungen und Verbote erlassen, welche die Mitnahme von Wertpapieren, Edelmetallen und Wertgegenständen verschiedenster Art in das Ausland betrafen.

„Der stetige Erlass einzelner, immer umfangreicherer Verfügungsbeschränkungen über das Vermögen von Auswanderern mündete schließlich in die Praxis der präventiven Sicherheitsanordnungen auf Verdacht hin." „Das oberhalb der Höchstbeträge für den freien Umtausch liegende Barvermögen von Auswanderern wurde seitdem [1935] in Sperrguthaben umgewandelt, deren Tausch über die Deutsche Golddiskontbank nur unter horrenden Abzügen möglich war. Betrug die Verlustquote Anfang 1935 50 Prozent, waren es Ende 1936 schon 80 Prozent. Im Laufe des Jahres 1938 überschritt die Quote 90 Prozent und erreichte zu Kriegsbeginn 1939 96 Prozent, was von einer völligen Enteignung nicht weit entfernt war."

Bis etwa Mitte 1939 war die Ausreise jüdischer Bürger zwar mit zunehmenden Schikanen verbunden, jedoch nicht unmöglich. Das NS-Regime hatte ein Interesse daran, dass Juden unter Zurücklassung ihres Vermögens das Land verließen. So konnte der chronische Devisenmangel jedenfalls zum Teil gelindert werden. Hinzu kam die persönliche Vorteilsnahme lokaler Parteikader. Das „Umzugsgut" wurde nach erteilter Ausreisegenehmigung inspiziert. Korruption, Diebstahl und persönliche Bereicherung waren dabei völlig normal. 1933 wanderten 37.000 jüdische Bürger aus Deutschland aus. Zwischen 1934 und 1937 waren es jährlich etwa 24.000. 1938 erhöhte sich ihre Zahl sprunghaft auf 40.000 und 1939 erreichte sie mit 76.000 ihren Höchststand. 1940 reisten nur noch 16.000 Juden aus Deutschland aus.

Unter den Auswanderern waren überproportional jüngere und begütertere Menschen. Der letzte Aspekt der Vermögensverhältnisse dürfte auch indirekt mit einer besseren internationalen Vernetzung im Zusammenhang stehen, was natürlich die Auswanderung ebenfalls erleichterte. „Vor allem Jugendliche erkannten die Gefahr in ihrer Umgebung und drängten ihre Eltern zur Auswanderung. Der Zugang zu weiterführenden Schulen war ihnen größtenteils versperrt, sie hatten kaum Chancen auf einen aussichtsreichen Einstieg ins Berufsleben. So sahen sie in Deutschland keine Zukunft für sich, während ihre Eltern das Unbekannte fürchteten und sich an das klammerten, was sie noch hatten. Diese unterschiedliche Sicht konnte zu erheblichen Spannungen in der Familie führen."

Es ist ebenfalls festzuhalten, dass es eine Vielzahl von gut organisierten jüdischen Einrichtungen gab, die zum einen die Auswanderung aus Deutschland unterstützten und zum anderen die Emigranten im Ausland auffingen und betreuten; insbesondere die Aus- und Einwanderung nach Palästina. In und nach den USA halfen zum Beispiel das American Jewish Joint Distribution Commitee, die Hebrew Immigration Aid Societa oder das American Friends Service Committee der Quäker.

Hans Arnold und Hildegard Schütz verlassen Deutschland in Richtung London

Ausreiseverfahren

Auszug aus Vier Schwestern
Lotte Treves (S. 174)

„Ich verliess Italien in den letzten Tagen des Monats April und fuhr nach Zürich. Ich sollte dort einen Koffer mit Wertgegenständen in Empfang nehmen, den gute Freunde für uns ins Ausland gerettet hatten. Ich wagte nicht den Koffer mit den geretteten Schätzen aus den Augen zu lassen."

Hans Arnold hat sich „seit der Machtübernahme durch die Nazis" mit einer Ausreise aus Deutschland beschäftigt und auch schon lange vor diesem Schritt entsprechende Vorkehrungen, zum Beispiel in Form eines Transfers von Vermögensteilen, getroffen.

Gleichwohl war im Mai 1936 seine Emigration nach London alles andere als einfach. Nicht nur, dass in Deutschland die Hürden für eine Ausreise immer höher wurden, auch wurden die Barrieren für eine Einreise in die Nachbarländer immer größer. „Denn die meisten potentiellen Aufnahmeländer zeigten sich der Verfolgungssituation im Deutschen Reich gegenüber indifferent und schränkten die Möglichkeiten der Einwanderung im Verlauf der 1930er Jahre eher noch ein, anstatt sie auszuweiten." Einige Autoren sehen in den immer restriktiver werdenden Bestimmungen der möglichen Zufluchtsländer eine größere Ursache einer nicht schnelleren und umfassenderen Ausreise der jüdischen Bürger als deren Heimatliebe oder der „Illusion, es werde schon nicht so schlimm werden".

Der Einwohnermeldekarte von Hans Arnold in Augsburg können wir einige Etappen seiner Ausreise entnehmen. So steht dort zunächst: „Bei Abmeldung I/2 verständigen notiert 28.3.1936." I/2 war, wie wir vom Stadtarchiv in Augsburg erfahren haben, eine spezielle Abteilung innerhalb der Polizei, die insbesondere jüdische Familien überwachte. Der Vermerk ist also der Hinweis auf die politische Überwachung von Hans Arnold. Vermutlich hat Hans Arnold per Ende März erste Aktivitäten unternommen, die auf eine Emigration hindeuteten.

Die später dokumentierten Abmeldungen wurden jeweils von den ausführenden Beamten namentlich gekennzeichnet, um die Nachvollziehbarkeit der Kontrollen zu dokumentieren.

Am 18. April 1936 meldete sich Hans Arnold in Augsburg wegen einer „Geschäftsreise ins Ausland" ab. Möglicherweise hatte sie schon etwas mit der nur wenige Tage später erfolgten endgültigen Ausreise zu tun. Mit 2./4. Mai 1936 hat sich Hans Arnold in Augsburg nach London abgemeldet. Vielleicht war seine kurz zuvor erfolgte Entlassung als Geschäftsführer und Mitarbeiter der Spinnerei & Weberei am Sparrenlech dazu der unmittelbare Anlass.

In der Einwohnerkartei der Familie Schütz in Bamberg findet sich kein Hinweis auf eine Ausreise von Hildegard Schütz nach London. Wir wissen aber aus einem Schreiben der Geheimen Staatspolizei vom 1. September 1937, dass Hildegard „nach ihrem Emigrieren nach England am 20.3.1937 bei Aachen, von Belgien kommend, nach Deutschland eingereist ist." Sie musste nochmals nach Deutschland, um sich hier ordnungsgemäß abzumelden. Dies war die Voraussetzung, um mit Hans Arnold den nächsten Schritt, weg von Deutschland, hin in die USA zu machen. Vielleicht war diese ordnungsgemäße Abmeldung auch notwendig, damit in London alle Formalitäten für eine Heirat erfüllt werden konnten.

Hildegards Akte können wir entnehmen, dass vor der Erteilung einer Ausreise eine ganze Reihe von staatlichen Stellen befragt und erst nach deren Einverständnis eine legale Ausreise möglich war. Ein ähnliches Verfahren, wie es Hildegard 1937 durchlaufen hat, musste Hans Arnold ebenfalls über sich ergehen lassen. Im Gegensatz zu Hildegard, die als „kaufmännische Volontärin" über kein Vermögen verfügte und daher keine Abgaben zu zahlen hatte, war dies bei Hans Arnold anders. Er musste eine hohe Summe zahlen, bevor er ausreisen durfte, und zwar konkret RM 140.000,00.

Wilhelm Schütz, Hildegards Bruder, sowie Wilhelm Arnold, Bruder von Hans, lebten bereits vorher in London. Beide dürften für Hans und Hildegard einen gewissen „Brückenkopf" gebildet haben.

Wilhelm Schütz ist eine interessante Persönlichkeit. 1935 emigrierte er nach England. Dort betätigte er sich als Journalist und Korrespondent verschiedener Zeitungen und avancierte zu einer prominenten Stimme deutscher Exilanten. Von Anfang an war Schütz in England neben seiner Arbeit als Journalist auf dem politischen Gebiet tätig. Er versuchte vergeblich, die zerstrittenen deutschen Ausgewanderten zu organisieren. „In England hatte Wilhelm Wolfgang Schütz Kontakt zu vielen prominenten Emigranten, darunter Stefan Zweig, Erich Ollenhauer, Arthur Koestler und Willi Eichler. Er traf aber auch den späteren indischen Staatsgründer Jawaharlal Nehru, mit dessen Familie ihn eine Jahrzehnte währende Freundschaft verbinden sollte.“[1]

Wilhelm Schütz verfasste in London in den frühen Jahren seines Exils das erste umfassende Werk über den deutschen Widerstand „German Home Front“ und warb damit für das „echte Deutschland“. Gleichzeitig versuchte er – vergeblich – die zerstrittenen deutschen Exilierten zu einen. 1946 kehrte Schütz wieder nach Deutschland zurück und lernte bei einem Besuch in Berlin den CDU-Politiker und späteren Bundesminister für gesamtdeutsche Fragen Jakob Kaiser kennen, der damals für ein Deutschland als Brücke zwischen Ost und West eintrat. Seit dieser Zeit ist Wilhelm Schütz eng mit der Deutschlandpolitik verbunden. Er hatte einen aktiven Kontakt zu allen deutschen Spitzenpolitikern. Unter ihnen Theodor Heuss, Konrad Adenauer und Heinrich Lübke, um nur einige zu nennen. Mit Erich Dehler, dem Spitzenpolitiker der FDP, war er seit seinen Bamberger Jugendtagen persönlich bekannt.

Schütz wechselte später zur SPD, wo er in engem Kontakt mit Herbert Wehner und Willy Brandt stand. Wilhelm Schütz, der Bruder von Hilda Arnold, Schwager von Hans Arnold, hat deutsche Geschichte geschrieben, auch wenn er nie im politischen Rampenlicht stand. Seine Gedanken waren es, denen die politiktragenden Lenker der damaligen Zeit folgten. Willy Brandt hat in seine Regierungserklärung zur Ratifizierung der Ostverträge nahezu alle Passagen eines sog. „Schütz-Papieres“ wörtlich übernommen. Wilhelm Schütz wird daher auch „der vergessene Erfinder der neuen Ostpolitik“ genannt.

Das Mercedes Cabrio

Unser Mercedes wurde am 22. Oktober 1937 in Warwick auf die Castelblom Motor Ldt in Sheffield zugelassen und erhielt das englische Kennzeichen EWA 503. Wir können somit davon ausgehen, dass das Fahrzeug in London war, als Hans *und Hildegard ebenfalls in London waren. Wer den Mercedes an Castlblom verkauft hat und ob das Fahrzeug bis Januar 1955 in deren Besitz war, kann nicht mit Sicherheit gesagt werden. Aufgrund der vorhandenen Unterlagen ist dies jedoch zu vermuten.*

Wahrscheinlich hatte der Mercedes vorher noch deutsche Kennzeichen. Wir dürfen ebenfalls annehmen, dass Hans und Hilda mit „unserem" Mercedes im Mai 1936 von Deutschland nach London in die Emigration fuhren. Zu einem späteren Zeitpunkt als Mai 1936 kam das Fahrzeug vermutlich nicht nach London, denn „[e]ine Mitnahme des Autos wäre einige Monate später (nach dem Mai 1936) wohl nicht möglich gewesen". Nach ihrer Ankunft in London wurde der Mercedes wahrscheinlich nicht mehr benutzt, sondern abgestellt. Es dürfte damals nicht ratsam gewesen sein, mit einem Mercedes mit deutschen Kennzeichen durch London zu fahren.

Welche Route Hans und Hildegard genommen haben, ist unbekannt. Als sicher dürfen wir annehmen, dass sie die Fähre von Calais nach Dover verwendet haben. Dies war damals der übliche Weg vom mitteleuropäischen Festland nach Großbritannien. Nach Calais gab es, wenn wir davon ausgehen, dass sie den kürzesten Weg gefahren sind, zwei Möglichkeiten. Über Ulm, Stuttgart nach Karlsruhe sind beide Varianten gleich. Dann gabelt sich der Weg. Die eine Strecke führt über Mannheim nach Belgien, also nach Liege, Brüssel, Gent, Brugge nach Calais. Die andere Variante geht über Strasbourg, Reims ebenfalls nach Calais. Die Strecke über Belgien hätte sie erst nach etwa 580 km an die Grenze gebracht. Bei der Variante über Strassburg waren es nur ca. 300 Kilometer. Kein großer Unterschied für heutige Verhältnisse, wenn man aber an die damaligen Umstände denkt, dann war vermutlich der kürzere Weg der bessere.

Die Straßenverhältnisse waren 1936 auf beiden Routen die gleichen. Es waren Landstraßen. Hitlers Autobahnbau war zwar schon in vollem Gange und teilweise auch abgeschlossen, aber auf dieser Strecke war nur ein kleiner Teil via Autobahn zu fahren.

Aufenthalt in London

Hans Arnold und Hildegard Schütz hielten sich vom 5. Mai 1936 bis zum 25. September 1938 in London auf. Wir dürfen davon ausgehen, dass die Arnolds bereits vor der Emigration von Hans und Hildegard in London über eine Wohnung verfügt haben. Wir wissen, dass Hans Arnold in London unter der Adresse 33, Old Change, London EC-4 gemeldet war. Old Change ist ein Gebäudekomplex mit einer Reihe von Wohnungen in der Queen Victoria Street. Diese Gegend ist nahe an der Themse gelegen und als gute und zentral gelegene Wohnadresse zu bezeichnen.

Auszug aus Vier Schwestern

Lotto Treves muss wegen den italienischen Rassengesetzen Florenz verlassen und plant in die USA zu eimigrieren. Sie erläutert zunächst das nebenstehende Quotensystem und führt dann weiter aus (Seiten 169 - 172):

Dazu bedurfte man auch [neben dem ‚Quotenplatz'] eines Affidavits, d. h. der Bürgschaft eines amerikanischen Staatsbürgers, in der dieser sich verpflichtet, dafür zu sorgen, dass der Einwanderer nicht der öffentlichen Wohlfahrt zu Last falle. Ein Affidavit hatte oder glaubte ich zu haben. Vater hatte an Frau Freda Warburg geschrieben, Witwe eines der reichsten Bankiers und Tochter von Otto Schiff, dessen Gast Vater gewesen war, als er als junger Mann zweimal in den Vereinigten Staaten gewesen war. Frau Warburg hatte Vaters Brief, in dem er sie an die Gastfreundschaft ihres Vaters erinnerte, so gut gefallen, dass sie sich bereit erklärt, mir das Affidavit auszustellen. Sie tat das, obwohl sie nach dem 16. von ihr gegebenen Affidavit keine weiteren mehr zu geben beabsichtigt. Die Organisation, die diese Dinge handhabte, war das ‚National Commitee for Refugees'. Frau Warburg beauftragte es mit der Ausstellung des Affidavits.

Fortsetzung nächste Seite

Bemühungen um eine Einreise in die USA

Bevor Hans und Hildegard dauerhaft in die USA emigrieren konnten, mussten Aus- und Einreiseformalitäten geklärt werden. Hans Arnold war Mitte 1937 in Amerika. Eine Passagierliste der SS Washington zeigt, dass er am 8. Juni 1937 von New York kommend in Plymouth eintraf. Wahrscheinlich hatte Hans dort für sich und Hildegard Schütz die Einreise in die USA geregelt. Dieser Passagierliste haben wir auch die damalige Adresse von Hans Arnold in London entnommen.

Die USA nahmen zwar die meisten deutsch-jüdischen Flüchtlinge auf, so fanden insgesamt etwa 140.000 deutsche und österreichische Juden dort eine Zuflucht. Ihre rechtsgültige Einreise wurde jedoch durch eine nach Herkunftsländern bezogene Quote reglementiert und

Fortsetzung:

Doch das Komitee sandte dies nicht an mich oder an Vater, sondern an das Generalkonsulat in Stuttgart, das für Augsburg zuständig war.

Alle Versuche, das Papier von dort zu bekommen, schlugen fehl; Vater beauftragte sogar einen Münchener Anwalt, der eigens nach Stuttgart reiste, aber nichts erreichen konnte. Alles Schreiben und Telegraphieren war unnütz, bis man schließlich das New Yorker Komitee bat, ein Duplikat zu schicken. Das geschah auch, aber auch dieses wurde nach Stuttgart gesandt, von wo man es nicht erhalten konnte! Es klingt wie eine Komödie, doch war es weit davon entfernt, komisch zu sein. Dieses Papier war absolut unentbehrlich, denn obwohl es noch eine gute Weile dauern würde, ehe meine „Nummer" drankam, brauchte ich es um ein Land zu finden, das bereit war, mich bis dahin aufzunehmen. Die erste Wahl war natürlich England und Mutters Tante Ninna Dunkels hatte mich auch eingeladen. Aber um das englische Visum zu bekommen, musste ich das Affidavit vorlegen."

Anmerkung:
Lotte Treves gelang es nach London zu kommen.

Fortsetzung nächste Seite

sie war noch möglich und durchaus gewollt. Die Einreise in sichere Emigrationsländer war ebenfalls durch bürokratische Hürden nicht gerade einfach, sondern außerordentlich schwierig. Die aus Deutschland fliehenden Juden hatten somit nicht nur die Grenzen aus Deutschland, sondern zusätzlich auch die Grenzen einer möglichen neuen Heimat zu überwinden. Ende 1937 hatten die Arnolds diese Hindernisse überwunden.

Heirat in London

Hans Arnold und Hildegard Schütz heirateten am 12. Juli 1938, also nur wenige Wochen vor ihrer Ausreise in die USA. Die Zeremonie im „Register Office" wurde ohne einen religiösen Ritus vorgenommen. Ein entsprechender Vermerk auf einen religiösen Hintergrund wurde gestrichen. Wir können also vermuten, dass Hans und Hildegard zunächst eine rein standesamtliche Eheschließung vorgenommen haben resp. haben vornehmen lassen. Dies schließt eine Hochzeit nach jüdischem Ritus nicht aus. Im Hampstead gibt es auch eine Synagoge.

Einer der Trauzeugen war der Textilindustrielle Walter Feldberg aus Stettin, der Schwager von Hans. Der zweite Trauzeuge war Henry Charles Fehr. Henry Fehr war der Spross einer bedeutenden Schweizer Familie. Schon sehr früh wanderte er nach Großbritannien aus und lebte in London. In jungen Jahren war er Assistent von Thomas Brook. Später entwickelte er zunächst seinen eigenen „monumentalen" Stil und wurde Bildhauer. So schuf er eine ganze Reihe von bedeutenden Denkmälern und monumentalen Skulpturen wie etwa das „War Memorial" in Leeds oder die „Rettung des Perseus Andromeda" auf dem Balkon der Tate Gallery. Später erstellte er auch äußerst feingliedrige Werke, die heute auf weltweit beachteten Auktionen zu hohen Preisen gehandelt werden. Zu seinen Lebzeiten erhielt Henry Charles Fehr zahlreiche Preise und Auszeichnungen. Fehr starb im Mai 1940.

Für das Ehepaar Arnold wird auf dem Trauschein als Adresse „99, Haverstock Hill" angegeben. Haverstock Hill ist eine deutlich unattraktivere Wohngegend als die frühere Wohnadresse von Hans Arnold. Möglicherweise haben Hans und Hildegard gewusst, dass sie in dieser Gegend nur für den kurzen Zeitraum bis zu ihrer Ausreise wohnen werden, und möglicherweise haben sie auch mit ihren finanziellen Mitteln im Hinblick auf eine ungewisse Zukunft haushalten müssen und wollen.

Gleichwohl steht auch hier bei der Berufsbezeichnung von Hans „independent means", was wir mit „finanziell unabhängig" übersetzen können. Hans Arnold hat seine Ausreise aus Deutschland schon lange, letztlich seit der Machtergreifung der Nazis organisiert. Er hatte deswegen sicherlich auch finanzielle Vorsorge in einem für damalige Verhältnisse soliden Umfang getroffen. Es ist uns aber auch bekannt, dass diese Reserven spätestens kurz nach seiner Einreise in die USA sich dem Ende neigten und Hans und Hildegard dort ein bescheidenes Leben führen mussten. Hans Arnold war wohlhabend, aber nicht reich. Und was hätte Hans auch in London arbeiten können? Vermutlich hätte er keine Arbeitserlaubnis erhalten. Darüber hinaus wollte er, so ist anzunehmen, London nur als möglichst kurze Zwischenstation für eine endgültige Emigration in die USA nutzen.

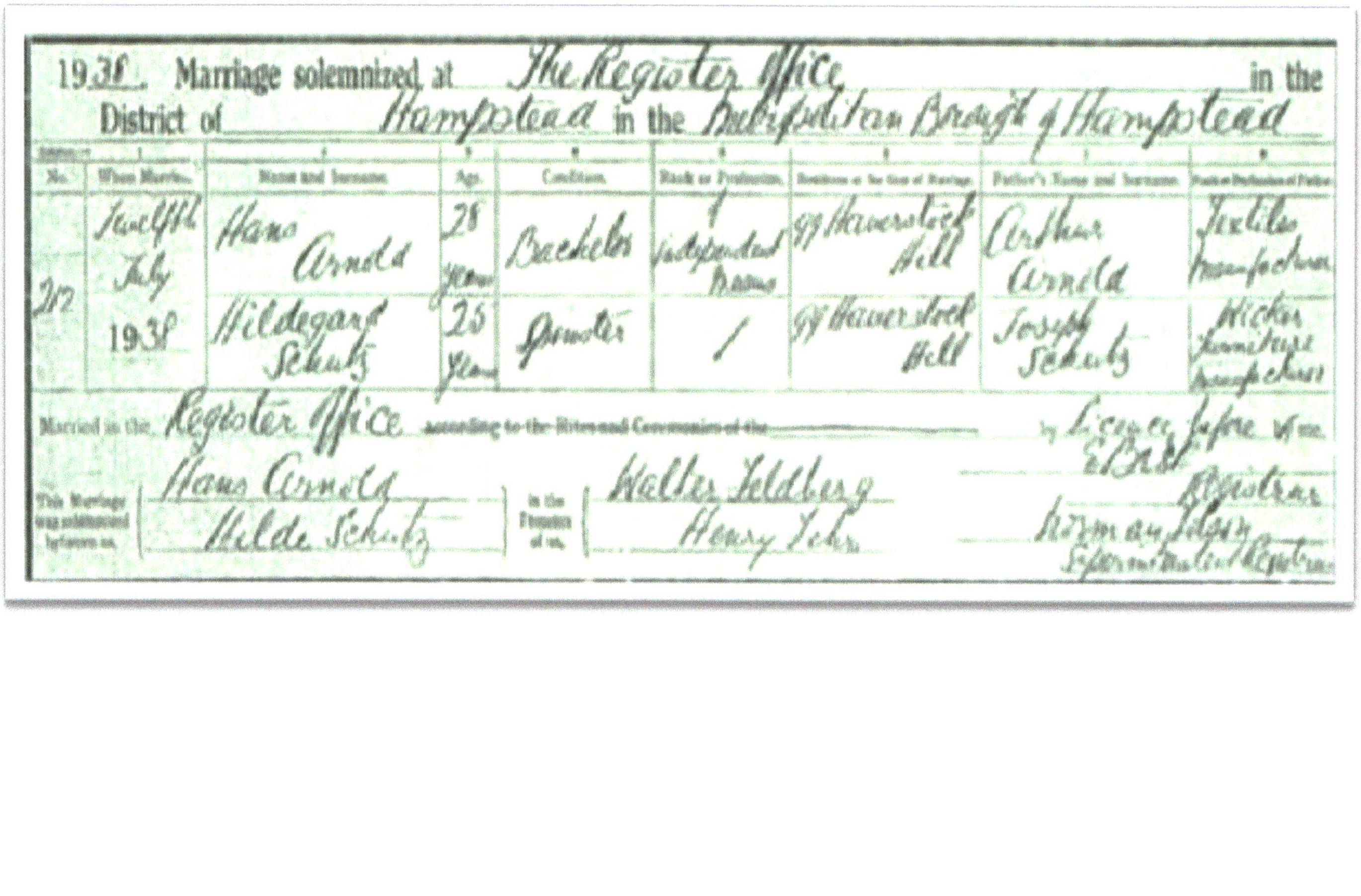

1938. Marriage solemnized at The Register Office in the District of Hampstead in the [illegible] Borough of Hampstead

No.	When Married	Name and Surname	Age	Condition	Rank or Profession	Residence at the time of Marriage	Father's Name and Surname	Rank or Profession of Father
212	Twelfth July 1938	Hans Arnold	28 years	Bachelor	independent means	99 Haverstock Hill	Arthur Arnold	Textiles manufacturer
		Hildegard Schulz	25 years	Spinster	/	99 Haverstock Hill	Joseph Schulz	Wicker furniture manufacturer

Married in the Register Office according to the Rites and Ceremonies of the — by Licence before me,

This Marriage was solemnized between us, Hans Arnold, Hilde Schulz, in the Presence of us, Walter Feldberg, [illegible]

[illegible] Registrar

[illegible] Superintendent Registrar

Ausreise in die USA

Hans und Hildegard Arnold

Am 26. September 1938 schifften sich Hans und Hilda Arnold auf die „French S.S. „PARIS" ein, um von Southampton nach New York zu reisen. Die S.S. PARIS war ein 1921 in Dienst gestellter Trans-atlantik-Passagierdampfer der französischen Reederei Compagnie Générale Transatlantique, der Passagiere, Fracht und Post von Le Havre und Southampton über den Nordatlantik nach New York beförderte. Von New York nach San Francisco fuhren Hans und Hildegard Arnold mit der Bahn. Ihre erste Adresse in San Francisco war 4126 Fulton Street, SF 21.

Ellen und Walter Feldberg

Walter und Ellen Feldberg und die fünf Jahre alten Zwillinge reisten am 12. Mai 1939 mit „SS Damsterdijk" in die USA.

Die Feldbergs hatten Unterstützung und konnten eine große Menge von persönlichen Gegenständen mitnehmen. „Most likely a non Jewish lawyer friend of Walter encourage and helped orchestrate the move. They left with most of their important personal possessions art, books, porcelain, a Packard automobile and Bechstein grand piano, etc. [...]", wie uns ebenfalls von den Feldberg-Zwillingen erzählt wird. Die Feldbergs gingen wie nahezu alle USA-Emigranten zunächst nach London und dann direkt nach Los Angeles.

Die Emigration der Feldbergs scheint im Vergleich mit derjenigen der Arnolds eher einem geordneten Umzug als einer überstürzten Flucht zu gleichen. Die Unterschiede der zur Überfahrt in die USA verwendeten Schiffe scheinen dies ebenfalls zu verdeutlichen. Beide Passagen waren aber letztlich eine Flucht.

Tod in der Heimat

Reichspogromnacht

Die Reichspogromnacht vom 9. auf den 10. November 1938 steht für den Übergang von der Diskriminierung zur endgültigen Vernichtung des Lebens der jüdischen Bevölkerung. Vom 7. bis 13. November 1938 wurden etwa 400 Menschen ermordet oder in den Selbstmord getrieben. Über 1.400 Synagogen Betstuben und sonstige Versammlungsräume sowie tausende Geschäfte, Wohnungen und jüdische Friedhöfe wurden zerstört. Ab dem 10. November 1938 wurden ungefähr 30.000 Juden in Konzentrationslagern inhaftiert, von denen hunderte ermordet wurden oder an den Haftfolgen starben.

Arthur und Grete Arnold

Arthur und Grete Arnold „wohnten" Mitte 1941 nicht mehr in ihrem Haus in der Hochfeldstraße 2. Diese Immobilie wurde bereits im August 1939 „verkauft". Sie

Auszug aus
„Vier Schwestern"
Sophie Dann (S. 38/39):

Da Vater für die Synagoge verantwortlich war, gingen wir in der Kristallnacht um vier Uhr morgens dorthin, sobald wir die Nachricht vom Brand bekamen. Ich ging mit, damit Vater nicht alleine gehen sollte und weil ich das Baby des Hausmeisters aus dem rauchenden Gebäude holen wollte. Vater wurde sofort verhaftet. Einige Gestapos kamen und fragten mich, wo der Schatzmeister sei, was ich nicht wusste. So behielten sie mich als Geisel, bis Herr Schloss gefunden war.

..

Als Vater im Gefängnis war, radelte eine von meinen Schulfreundinnen, die Hebamme war, zu einer der Mütter, die sie kürzlich entbunden hatte. Sie sagte ihr, ihr Mann, der Gefängniswärter war, möchte gut auf unseren Vater achten, sonst käme sie nicht zur Geburt ihres nächsten Kindes. Von da an wurde Vater besser behandelt, und an einem dunklen Abend kam der Wärter weinend zu uns nach Haus und sagte, es gehe Vater gut, aber er sei sehr blass."

wohnten im Gartenhaus in der Remboldstraße 1. Dies wissen wir zum einen aus dem Brief von Eva Eckert und zum anderen aus einem Vermerk der Stadtverwaltung Augsburg, in dem die „neue Anschrift“ von Arthur und Grete Arnold mitgeteilt wurde. „Ab 19.8.1941 von der Hochfeldstr. 2 nach der Remboldstr. 1 verzogen.“

Ob die Remboldstraße 1 zu diesem Zeitpunkt noch im Besitz von Benno Arnold war, wissen wir nicht. Es ist jedoch eher unwahrscheinlich. Viel wahrscheinlicher ist es, dass auch diese Immobilie bereits „verkauft“ war.

Die auserlesenen Wohnutensilien, die Grete und Arthur Arnold besaßen, insbesondere die bereits schon erwähnten „Berheimer Antiquitäten“, wurden „im Anschluss an die Verbringung des Verfolgten ins Konzentrationslager Dachau geraubt und sind seit dieser Zeit verschwunden“.

Wir wissen aus einem Vernehmungsprotokoll, dass Arthur Arnold sich am 1. August 1941 in Schutzhaft befand. Es ging vor dem Nachlassgericht des Amtsgerichts Augsburg um den Nachlass von Grete Arnold, Arthurs Ehefrau, Mutter von Ellen und Hans. Sie war am 6. Juli um 19.00 Uhr in Augsburg, Krankenhausstraße 1 an den Folgen eines „Carcinom“ verstorben. So steht es jedenfalls in der amtlichen Todesurkunde des Standesamtes Augsburg. Ob Arthur Arnold zum Zeitpunkt des Todes seiner Frau in Schutzhaft war, wissen wir nicht. Der Tod von Grete Arnold wurde auf Antrag des Oberstaatsanwaltes für den Landgerichtsbezirk Augsburg amtlich bescheinigt, also von einer offiziellen Institution. Das könnte dafür sprechen, dass Arthur zum Todeszeitpunkt von Grete nicht auf freiem Fuß war.

Es gibt Zeitzeugen, die davon ausgehen, dass Greta Arnold in den Freitod ging und nicht ihrer Krankheit erlag. So schrieb Eva Eckert: „Grete lived the last three month of her live in a garden house on her brother's place where she committed suizide.“

Lotte Treves, die einzige heute noch lebende Zeitzeugin, 102 Jahre alt, in Rom lebend, berichtet in einer Email vom Abschiednehmen: „As for the Arnolds, we knew them well. They lived at nr.2 of the Street where we lived at nr. 15 1//6. They were well of and their children left Germany in time. Nevertheless, it is a sad story of many suicides. As far as I know but only from hearsay, at least the daughter and one of the sons committed suicide and for sure Grete. She had been operated for cancer but not successfully and hoping that she not being there, her husband would save himself, she opened the gas oven. How and where Arthur died, I don't know. Grete, together with my father, where the only living grandchildred of Leopold Stein. I seem to remember that my parents and sisters spent their last but one evening with Arthur and Grete and i will look for a sort of farewell message from Grete, Gertrud stayed with the Arnolds the last weeks in Augsburg after our House was sold."

Arthur Arnold musste ab dem Januar 1939 aufgrund einer neuen Rechtsverordnung, wie alle anderen Juden, den Namenszusatz „Israel" tragen. Frauen erhielten den Namenszusatz „Sara".. Ab dem 19. September 1941 war er gezwungen, den Judenstern zu tragen. Am 25.09.1941 wurde er unter der Häftlingsnummer 27697 ins KZ Dachau eingeliefert und im Block 15/3 untergebracht.

Am 15.10.1941 wurde von seinem Konto bei der Bayerischen Bank für Handel und Industrie, Filiale Augsburg, Bürgermeister Fischerstraße 2 ein Betrag von RM 35.000,00 an die Deutsche Golddiskontbank Berlin überwiesen und dort zum Kurs von 1:57,95 in 2.415,85 Schweizer Franken umgetauscht. „Dieser Betrag sollte für Passage und Reisekosten des Herrn Arthur Arnold dienen. Der genannte ist jedoch am 24.11.1941 im Inland verstorben, so dass die Devisen für den beantragten Zweck nicht mehr verwendet werden konnten."

Hatte Arthur Arnold wirklich noch an eine Flucht gedacht? Ist der Hinweis der Zeitzeugin „her husband would save himself" so zu verstehen resp. betätigt dieser Hinweis die Vermutung eines so späten Gedankens an eine Flucht? War Arthur Arnold vielleicht wegen Verdachtsmomenten im Hinblick auf eine Flucht am 1. August 1941 in „Schutzhaft"?

Albert Knoll, der Leiter des Archivs des KZ Dachau, teilt zu diesem Aspekt in einer E-Mail vom 17.06.2014 auf Nachfrage mit: „Die Geldtransaktion vom Oktober 1941, von der Sie schreiben, ist doch recht ungewöhnlich, da Häftlinge im Prinzip mit Ausnahme von zensierten Briefen keinen Kontakt zur Außenwelt hatten. Allerdings haben wir zu wenige Vergleichsfälle, um hier etwas ausschließen zu können. Entlassungen kamen für jüdische Häftlinge allenfalls vor 1939 in Frage. Nach Kriegsbeginn ist das schon eine große Ausnahme gewesen, im Herbst 1941 halte ich Entlassungen von Juden für ausgeschlossen. Das muss für Herrn Arnold aber nicht unbedingt erkennbar gewesen sein und „Hoffnung" mag für ihn bestanden haben, sich doch noch aus dem KZ freikaufen zu können."

Könnte Benno Arnold, der ja zu diesem Zeitpunkt noch nicht inhaftiert war, seinem Bruder geholfen haben und hatte vielleicht er diese Geldtransaktion vom Konto seines Bruders veranlasst? Die jüdische Kultusgemeinde in Augsburg sieht dies ähnlich, wie in einer E-Mail vom 16.06.2014 mitgeteilt wird: „Mir ist nicht bekannt, dass aus Konzentrationslagern Überweisungen hätten vorgenommen werden können, es sei denn, sie wurden durch SS bzw. Gestapo dazu gezwungen. Eventuell wurde sie ja von einem Bevollmächtigten ausgeführt. Vielleicht hatte ein ehemaliger Verwaltungsangestellter noch eine Vollmacht für sein Konto. Ich würde an Ihrer Stelle diesem Anhaltspunkt nachgehen.

Während des gesamten Bestehens des Konzentrationslagers Dachau kam es immer wieder zu Entlassungen. In den 1930er Jahren vermehrt, ab Kriegsbeginn deutlich seltener. Insofern waren die Chancen auf eine Freilassung gerade für Juden zwar gering, aber vorhanden. Eine Entlassung aus Dachau hätte Arthur Arnold jedoch kaum vor einer späteren Deportation in die Vernichtungslager bewahrt. 1941 war eine Emigration aus Deutschland schließlich kaum mehr möglich.“

Am 10. November 1941 wurde Arthur Arnold im KZ Dachau an „Pleuritis exsudativa“ „operiert“. Eine Punktion wurde ohne Narkose durchgeführt. Operateur war Dr. Hellmuth Vetter. „Der Eintrag im Operationsbuch legt nahe, dass er (Arnold) einer gezielten Tötung zum Opfer gefallen ist.“ Arthur Arnold verstarb am 23. November 1941 an „Versagen von Herz und Kreislauf“.

Mitteilung eines Sterbefalls nach § 69 Erste AusfVO. z. PStG. zum **Geburtsregister – Geburtenbuch Nr.** v.9.8. /1 880 **– Heiratsregister – Familienbuch Nr.** /1 — nur bei ledigen Personen: Spalte III, IV oder V im Familienbuch Nr. /1

Vor- und Familiennamen des Verstorbenen: Artur Israel Arnold

geboren am 9. 8. 1449/88 1880 in Augsburg

verstorben am 23. 11. 1941 in Dachau

Sterbebuch Nr. 737 /1941 des Standesamts **Dachau II**

Dachau, den 26. 11. 1941

Der Standesbeamte:

Benno und Anna Arnold

Die jüdische Gemeinde in Augsburg hatte 1938 durch ihre Eingliederung in die „Reichsvereinigung der Juden in Deutschland" ihre Selbstständigkeit verloren. Benno Arnold war zu dieser Zeit weitgehend ohne Vermögen, ohne Rechte, aber als langjähriger zweiter Vorsitzender der Gemeinde mit der Pflicht betraut, mit anderen prominenten Juden das jüdische Leben in Augsburg „aufzulösen".

Benno Arnold war zunächst, neben Dr. Rudolf Strass, für das jüdische Altersheim in der Frohsinnstraße 21 in Augsburg verantwortlich. Aus Aufzeichnungen vom November 1938 von Sophie Dann, die damals Fürsorgeschwester der Augsburger jüdischen Gemeinde war, können wir zur erzwungenen Auflösung des Altersheimes entnehmen:

„12.11. Besprechung bei Dr. Strauss, wie die von Oberbayern geflüchteten Leute unterzubringen sind. Gerücht, dass das Altersheim am 15. geräumt sein muss.

13.11. Anordnung, dass das Altersheim am nächsten Abend geräumt sein muss. Wohnungssuche für 32 alte Menschen; außerdem auch für neue Flüchtlinge aus Schwaben und Franken.

14.11. Die aus den Schulen gewiesenen „jüdischen" Mädchen, Mittelschülerinnen, helfen mir im Altersheim, da die erregten Leute nicht imstande sind, ihre Habseligkeiten allein zu packen. Noch ist nicht für alle Unterkunft gefunden; doch sind um 7 Uhr abends alle Leute untergebracht. Die wertvolle Einrichtung des Hauses musste dort bleiben."

Nachdem Dr. Eugen Strauss im Sommer 1939 die Emigration noch Großbritannien gelungen war, leitete Benno Arnold zusammen mit Ludwig Friedmann die Gemeinde.

Die jüdische Gemeinde in Augsburg war eine „Gemeinde im Untergang. Es fehlte ihr an allem, vor allem aber an finanziellen Mitteln, um die Not der mittellosen Mitglieder zu lindern. Da die Gestapo verbot, in der Synagoge Gottesdienste zu halten, die Gemeinde aber weiterhin hohe Grundsteuern für das Gebäude zahlen musste, versuchte Arnold im Frühjahr 1940 die Synagoge zum Kauf anzubieten. Doch niemand war daran interessiert, weil die Pläne zum Ausbau Augsburgs zur Gauhauptstadt seit Frühjahr 1939 einen Abriss der

Synagoge vorsahen. Lediglich die Orgel konnte, für einen Zehntel ihres ursprünglichen Preises, im Dezember 1940 an die katholische Pfarrgemeine in Wessling am Ammersee verkauft wurde.“

Die Drangsalierung der Juden nahm von Monat zu Monat zu. So mussten sie ihre Wohnungen räumen und in „Judenhäuser“ oder in Räume der Synagoge umziehen. In die ehemals jüdischen Wohnungen zogen „Arier“. Während der Deportation der Juden in die Konzentrationslager war Augsburg ein Sammelplatz für die umliegenden schwäbischen Landgemeinden. Benno Arnold kümmerte sich auch für diese „Reisenden“, so gut es ging, um das Nötigste.

Aus den Erinnerungen von Else Eckert entnehmen wir: „Bis zum Tag der Deportierung war Benno Arnold unter schwierigsten Umständen der Leiter der Gemeinde. Er tat alles, um die Durchführung der Gestapoerlasse für die Gemeindeangehörigen zu erleichtern. Er half, die Wohnungsfrage bestmöglich zu lösen, als zu Beginn des Kriegs Karlsruher Juden untergebracht werden mussten, und später, als durch Beschlagnahme von mehr und mehr ehemals jüdischen Häusern und Wohnungen die Zimmerknappheit immer unerträglicher wurde. In der Zeit allgemeiner Auflösung war es auch sein Bemühen, dauernd die kleinen und größeren Unstimmigkeiten der eng aufeinander gepferchten Familien zu schlichten.

Solange als es noch möglich war, bemühte er sich um einen geregelten Unterricht für die wenigen verbliebenen Kinder. Während dieser ganzen Zeit hatte er persönlich schwere Sorgen. Sein Bruder und Geschäftsmitinhaber Arthur Arnold wurde zweimal verhaftet und eingesperrt.“

Benno (Transportnummer 1178/II/24) und Anna Arnold (Transportnummer 1174/II/24) wurden Ende August 1942 nach Theresienstadt deportiert. Anna Arnold verstarb dort am 10. September 1942 um 13.00 Uhr. Als Todesursache wird „Enteritis Darmkatarrh“ angegeben.

Eva Eckert traf im KZ Theresienstadt ihren Schwager Benno. Sie wurde als junge Frau dort ebenfalls inhaftiert. Sie erkannte Benno kaum noch. „Er war halb verhungert und abgemagert.“ Benno Arnold verstarb am 3. März 1944.

Luise Ellinger, geb. Arnold

Ende 1939 kehrte Luise Ellinger nach Augsburg zurück, um dort bis zu ihrer Deportation in der Remboldstraße 1 zu wohnen. „Möglicherweise fühlte sie sich in ihrer Heimatstadt sicherer." Am 12. August 1942 wurde sie nach Theresienstadt deportiert. Else Eckert konnte über das Internationale Komitee vom Roten Kreuz der Tochter von Luise, Käte Mayer, nach Teheran mitteilen: „Benno meldet soeben aus Theresienstadt, dass Mutter Ellinger nach sechsmonatigem Aufenthalt daselbst nach hochgradiger Verkalkung vergangenen Januar sanft entschlief. Transport Nr. II722-1071, gestorben: 12.01.43 (Ghetto Theresienstadt)." Ebenso gibt es eine Todesfallmeldung aus Theresienstadt. Als Todesursache wird „Enterocollitis – Darmkatarrh" angegeben. Es wurde auf diesem Formular auch vermerkt, dass Benno Arnold ihr Bruder sei und dass sich dieser auch in Theresienstadt befinde.

Emilie und Julius Dessauer

Julius Dessauer wurde während der Reichspogromnacht verhaftet und in das Landgerichtsgefängnis in Bamberg eingeliefert. Wenige Tage später wurde er wieder entlassen. Am 9. September 1942 wurden Julius und Emilie nach Theresienstadt deportiert. Emilie Dessauer verstarb am 21. September 1943 um 0.30 Uhr; Julius Dessauer am gleichen Tag um 9.40 Uhr. Als Todesursache wurde bei beiden „Enteritis – Darmkatarrh" vermerkt.

In den USA

Restitution/Schadenersatz

Hans und Ellen Arnold versuchten nach dem Krieg aus ihrer neuen Heimat, den USA, heraus in einer Reihe von Verfahren sowohl eine Restitution, also eine Wiederherstellung der früheren Eigentumsverhältnisse durchzusetzen als auch Ersatz ihrer Schäden zu erreichen. Eine Restitution wurde im Zusammenhang mit dem im Rahmen der Arisierung verlorengegangenen Besitz an der Neuen Augsburger Kattunfabrik (NAK), in die damals auch die Spinnerei & Weberei am Sparrenlech integriert wurde, beantragt. Schadenersatz forderte Hans Arnold für die Schäden aufgrund seiner Emigration. Insbesondere forderte er einen Ersatz der damit verbundenen Kosten sowie einen Ersatz dafür, dass er in den ersten Jahren seines Aufenthaltes in den USA in seinem beruflichen Fortkommen und somit bei der Erzielung eines Einkommens behindert war. Hans und Ellen Arnold forderten darüber hinaus Ersatz für ihr verlorenes Erbe seitens ihrer Eltern Arthur und Grete Arnold. Außerdem ging es um die Rückführung von in der Schweiz als „herrenlos" verwalteten Vermögensteilen.

Vertreter der Familien Kahn & Arnold stellten 1947 den Antrag, „sämtliche Aktien der NAK für ungültig zu erklären, dafür neue Aktien auszugeben und den Rückerstattungsberechtigten auszuliefern, soweit sie nicht jenen Aktionären zustanden, die nachweisbar bereits vor Februar 1938 NAK-Aktien besessen hatten. Dadurch wären die Familien Kahn und Arnold in den Besitz von rund 91 Prozent des Aktienkapitals der NAK gekommen." Im Mai 1950 kam es dann, wie wir der „Neuen Augsburger Zeitung" vom 25. Mai 1950 entnehmen können, zu einem Vergleich zwischen den Familien Kahn & Arnold und den neuen Eigentümern der NAK AG.

Die ehemaligen Besitzer erhielten insgesamt 2,8 Millionen DM und verzichteten damit auf alle Ansprüche aus der ursprünglichen Enteignung. Dieser Vergleich bedeutete für die Kahns & Arnold einen Verzicht auf erhebliche Vermögensteile. Der neue Nachkriegs-Vorstand betonte hingegen, dass durch diesen für die früheren Eigentümer äusserst ungünstigen Vergleich „neues schweres Unrecht gegen die [neuen] Aktionäre" vermieden werden konnte.

Der „Schwäbischen Landeszeitung“ vom 22. Mai 1950 können wir zudem entnehmen, dass an der Hauptversammlung vom 20. Mai 1950, an welcher der erwähnte Kompromiss zustande kam, auch „Geheimrat Dr. Walter Clairmont, der mehr als 30 Jahre Vorstand und rund 10 Jahre stellvertretender Vorsitzender des Aufsichtsrates der NAK war“, anwesend war. Die Anwesenheit von Walter Clairmont bei dieser Hauptversammlung fällt auf. Hatte sie eine verbindende Funktion zwischen den neuen und alten Besitzern der NAK, sollte Walter Clairmont beruhigend und wohlwollend auf beide Seiten einwirken? Möglicherweise.

Die NAK hatte 1950 ungefähr 950 Arbeiter und Angestellte. Bis in die 1970er Jahre hinein konnte die Mitarbeiterzahl noch auf rund 1.250 gesteigert werden. Danach begann der Niedergang der Textilindustrie in Augsburg. Trotz Sanierungsversuch konnten die Verluste nicht ausgeglichen werden, sodass die Fabrik 1996 geschlossen werden musste. Die Produktionshallen auf dem ehemaligen Werksgelände am Vogeltor wurden 1999 abgebrochen. Heute befindet sich an dieser Stelle die City-Galerie. Das Stammhaus der Arnold‘schen Textilunternehmen, die Spinnerei und Weberei am Sparrentor, Kahn & Arnold wurde bereits 1972 abgerissen.

Hans Arnold allein sowie gemeinsam mit seiner Schwester Ellen versuchten Anfang 1950 Schadenersatzforderungen gegenüber dem Freistaat Bayern durchzusetzen. Bei Hans Arnold ging es um Einkommensverluste, die durch seine Flucht aus Deutschland verursacht wurden. Es dauerte in Amerika sehr lange, bis er sich wieder den beruflichen Status und das Einkommen erarbeitet hatte, die er in Deutschland als Geschäftsführer in den Arnold‘schen Unternehmen hatte. Mit Ellen Feldberg gemeinsam verklagte Hans Arnold den Freistaat Bayern um das verlorene Erbe seiner Eltern Arthur und Grete Arnold. Dazu gehörten zum Beispiel die arisierten Immobilien, verloren gegangener Wertpapierbesitz, verschwundene Geldbeträge auf deutschen Bankkonten, verloren gegangene Ansprüche aus Lebens- und Pensionsversicherungen sowie sonstige Wertgegenstände wie die Silbersammlung und die wertvollen Möbel.

Rechtsanwalt Dr. Otto Leibrecht aus München vertrat in den Schadenersatzverhandlungen die Interessen von Hans und Ellen Arnold. Rechtsanwalt Dr. Otto Leibrecht kann, vorsichtig als eine schillernde Persönlichkeit umschrieben werden. So bereicherte sich Leibrecht an jüdischem Vermögen. 1939 „kaufte“ er nach dem Muster, das wir schon von dem „Immobilien-Verkauf“ der Arnolds kennen, von Hedwig Blum deren

Grundstück mit Wohnhaus in der Archstraße 19 in Garmisch-Partenkirchen. Dabei handelte es sich um ein großes herrschaftliches Anwesen. Hedwig Blum wurde am 20. November 1941 ins Ghetto Kowno deportiert und wenige Tage später dort ermordet.

Im Januar 1924 war Leibrecht aktiv an der Planung und Durchführung eines Attentates beteiligt, das den Führern einer politischen Organisation galt, welche der damals rechts gerichteten bayerischen Landesregierung unliebsam und ein Dorn im Auge war. Am 9. Januar 1924 wurde das Attentat durchgeführt. Mehrere Menschen, auch unbeteiligte Dritte, kamen bei einem wilden Schusswechsel ums Leben.

Leibrecht führte damals den „Sicherungstrupp" und hielt den Todesschützen so den Rücken für deren Abzug frei. Heute würde man Leibrecht als einen rechtsradikalen Terroristen bezeichnen. Die beiden Strategen des damaligen Attentates erfuhren später unterschiedliche Schicksale. Während Edgar Jung zu einem rechtskonservativen und antidemokratischen Vordenker der Weimarer Republik avancierte und als Ghostwriter Papens den Mordaktionen von Hitlers Gestapo im Juni 1934 zum Opfer fiel, konnte Otto Leibrecht seiner Rechtsanwaltstätigkeit nachgehen, bis er nach dem 20. Juli 1944 ebenfalls ins Visier der Gestapo geriet, aber in die Schweiz fliehen konnte.

Leibrecht reiht sich in die Reihe der Juristen ein, die nach dem Krieg in Bayern (und nicht nur dort) ihre alten „braunen" Anwaltsroben pragmatisch und flugs in schwarze Gewänder färbten und nun u. a. Juden wie Hans Arnold vertraten. Wir wissen nicht, wie Hans Arnold und Dr. Otto Leibrecht zusammenfanden. Aber zweifellos war Otto Leibrecht für die Anliegen von Hans Arnold ein „geeigneter Mann". Leibrecht hatte die dazu notwendigen Kontakte und sicherlich war er auch durchsetzungsfähig und nach allem, was man in der Akte lesen kann, bemühte er sich redlich, zugunsten seines Auftraggebers zu wirken.

Alle Schadenersatzverhandlungen schlossen mit Vergleichen. Insgesamt erhielten die Geschädigten Hans und Ellen Arnold nur einen Bruchteil ihres verloren gegangenen Vermögens ersetzt. Die Verfahren zogen sich von 1950 bis 1965 hin. Bei Durchsicht der Akten kann man sich des Eindruckes nicht erwehren, dass aufseiten der deutschen Behörden noch immer der alte Geist wehte. Die Anspruchsteller mussten wegen geringfügiger Beträge Beweise erbringen, die nach menschlichem Ermessen weder erbringbar noch möglich waren, sie mussten eidesstattliche Erklärungen („Ich beschwöre hiermit, dass…" [Hans Arnold]) in einem für heutige Ohren erniedrigenden Tonfall vorlegen und sie mussten zum Beispiel für die Rückerstattung der Reichsfluchtsteuer in Höhe von ca. 25.000 DM sieben Jahre und für den Ersatz von Schäden beim beruflichen Fortkommen in Höhe von 9.267,80 DM zwölf Jahre kämpfen. Hans und Ellen Arnold hatten vermutlich das Gefühl, dass ihnen ein weiteres Mal Unrecht widerfuhr.

Auf Schweizer Bankkonten lagen sog. herrenlose Vermögenswerte der Arnolds. Arthur Arnold hatte rechtzeitig Geldwerte auf helvetische Bankkonten transferiert. Nach seinem Tod waren diese über viele Jahre hinweg „herrenlos". Zunächst bemühten sich die involvierten Schweizer Banken nur halbherzig, diese Vermögen den rechtmäßigen Besitzern zurückzugeben bzw. diese ausfindig zu machen. Eigentlich wussten nur wenige von diesen hinterlassenen Millionen-Beträgen. Sie lagerten unbemerkt in den hintersten Ecken von Tresoren. Informationen über die rechtmäßigen Besitzer dieser Vermögen resp. über deren Erben begannen in Archiven vor sich hin zu modern. Aktiv wurde nicht nach den Eigentümern dieser Gelder gesucht. Erst als der amerikanische Anwalt Ed Fagan aufgrund der Information eines, wie man heute sagen würde, whistleblowers eine Lawine ins Rollen brachte, gelang es, einen großen Teil dieser Gelder wieder ihren rechtmäßigen Besitzern zurückzugeben. Ellen Feldberg und Hans Arnold wurden die in der Schweiz deponierten Geldbeträge zurückerstattet.

Ein neues Leben

Kalifornien

Hilda und Hans Arnold, Ellen und Walter Feldberg sowie die Zwillinge Ilse (Betsy) und Ursula fanden nach ihrer Emigration in Kalifornien ein neues Zuhause. Irgendwann wohnten die beiden Familien nur wenige hundert Meter voneinander entfernt in Beverly Hills, Crescent Drive. Warum gerade Beverly Hills der neue Wohnort wurde, ist nicht bekannt. Vermutungen gehen dahin, dass dort bereits Bekannte der Familien wohnten. Auf der anderen Seite ist das sicherlich ein guter Ort zum Leben und es hatte „good schools", wie wir von den Feldberg-Zwillingen erfahren.

Beide Familien hatten es anfangs nicht leicht. Die Umgebung war fremd, die Sprache ebenso und nicht zuletzt kamen die Familien aus dem „feindlichen Ausland". Wie in England war auch in den USA der Umgang der Behörden und Bewohner mit den Emigranten distanziert.

Walter und Ellen Feldberg

Walter und Ellen Feldberg wohnten 621 N Crescent Drive, Beverly Hills. Walter Feldberg begann wieder im Textilgeschäft Fuß zu fassen.

„He owned retail women's ready to wear stores. I think 3 or 4 in Los Angeles Area. He had a Partner Mr. Bamberger from Leipzig who owned large department (Kaufhaus Bamberger & Hertz) stores who came to LA also." Das Kaufhaus Bamberger & Hertz gehörte vor dem Krieg zu den führenden und damit bedeutendsten Konfektionshäusern Deutschlands. Auch dieser jüdische Besitz wurde arisiert. Seine Eigentümer mussten ebenfalls emigrieren. Walter Feldberg verkaufte später seinen Unternehmensanteil. „He retired and lived off investments."

Ellen und Walter Feldberg besuchten nach dem Krieg noch öfter Europa und Deutschland („Ja jede Jahr“).

Die Kinder Ilse (Betsy) und Ursula heirateten und haben selbst Kinder. Sie scheinen sich also in ihre neue Heimat integriert zu haben. Insgesamt hat man den Eindruck, dass die Feldbergs nach ihrer Emigration in den USA wieder gut haben Fuss fassen und – wenn man das so sagen darf – scheinbar ein gelungenes Leben führen konnten.

Walter Feldberg verstarb am 12. Mai 1968 mit 73 Jahren. Ellen Feldberg folgte ihrem Ehemann am 10. Juli 1968 mit nur 55 Jahren. Sie wollte ohne Walter nicht mehr leben.

ELDBERG, Walter F., beloved husband of Ellen A. Feldberg, loving father of Mrs. Ursula Levi and Mrs. Betsy Ellen Kaplan, fond brother of Else Kochman, also survived by 4 grandchildren.
Service Tuesday 2 p.m. at Westwood Memorial Park Chapel, 1218 Glendon Ave. Groman Mortuary, directors. Family prefer contributions to the Los Angeles Heart Fund.

FELDBERG, Ellen A., beloved mother of Mrs. Betsy Kaplan and Mrs. Ursula Levi, sister of John Arnold.
Private service Friday, July 12. Westwood Village Mortuary, directors.

Der Start in dieses neue Leben war für die Arnolds schwierig. Keine Freunde, keine ausreichenden Sprachkenntnisse, keine Arbeit. So schreibt Hans Arnold: „Musste erst auf Schulen gehen und ganz neues Gebiet und Sprache erlernen.“ Und an anderer Stelle betont er, „dass ich in den ersten acht Jahren nach meiner Auswanderung aus Deutschland nur sehr unregelmäßiges und beinahe kein Arbeitseinkommen hatte. Dies war nicht nur aus Sprachgruenden und wegen Umschulung der Fall, sondern war es waehrend der Kriegszeit schwer, fuer einen ‚feindlichen Auslaender‘ eine Stellung zu finden.“ Hans Arnold zeigt denn auch auf, dass er in seiner neuen Heimat in Amerika in den Jahren zwischen 1936 und 1957 nur ein unbedeutendes Einkommen erzielen konnte. Seine Jahreseinkommen schwankten zwischen null und umgerechnet maximal 5.274,00 Reichsmark im Jahr 1951.

Die erste Adresse in der neuen Heimat war für die Arnolds San Francisco, 4126 Fulton Street, SF 21. Die spätere Wohnadresse ist 3640 Fillmore St. San Francisco. Wir wissen dies aus der Erhebung des Census [Volkszählungsmethode] von 1940. Die Arnolds hatten hier ein Flat gemietet. Hilda arbeitete als Hutmacherin. Hans hatte keine Beschäftigung. Später zogen die Arnolds nach 340 South Crescent Drive Beverly Hills. Hans und Hilda Arnold waren nach dem Krieg noch öfter in Deutschland, wie die Feldberg-Zwillinge berichten.

Am 27 Jun 1944 wurde ein Sohn, Thomas Arthur, geboren. Dieser scheint nicht in die Fußstapfen seines Vaters und seiner Vorfahren getreten zu sein. Er arbeitete als Wachmann in einem nahe zum Wohnhaus seiner Eltern liegenden Hotel. Thomas Arnold war nie verheiratet und hatte keine Nachkommen. Er war mit einer katholischen Lebensgefährtin liiert. Thomas Arthur Arnold starb am 22 Juni 2010. An der Seite seiner Lebenspartnerin wurde er auf einem katholischen Friedhof bestattet. Auch hier brach er mit den jüdischen Traditionen seiner Vorfahren.

Hans arbeitete in Kalifornien als Broker bei Prudential Bache. Vermutlich war er dort nicht fest angestellt, vielleicht nur in Teilzeit. Denn er scheint auch auf eigene Rechnung tätig gewesen zu sein. Er erwirtschafte dabei ein beträchtliches privates Vermögen. Aus diesem Vermögen gründete Hilda im Dezember 2003 die „John and Hilda Arnold Foundation".

Hans und Hilda führten ein bescheidenes, unspektakuläres und sehr zurückgezogenes Leben. Auch ihr Kontakt zu den Feldbergs brach ab. Dieses Leben der Arnolds in der „neuen Heimat" kann als ein deutlicher Kontrast zum großbürgerlichen Leben ihrer Vorfahren in Augsburg bezeichnet werden. Inwieweit die Ereignisse von damals hier ihre Spuren hinterlassen haben, lässt sich nicht sagen. Auszuschließen ist es nicht. Es wäre menschlich verständlich. Das Unrecht in der Heimat hätte so noch ein ganzes Leben lang nachgewirkt.

Hans Arnold starb im Mai 1986, Hilda Arnold im Jahr 2007.

In the North Midlands

Tony Bates

My name is Tony Bates and I am 82 years old. My profession is a metallurgical engineer. I started my career in Leicester which is situated in the English Midlands. Here I worked for a major British engineering company testing components for the electrical power generation industry.

I did not learn to drive until I was 29 years of age because I used to cycle everywhere. At this quite late age I began to realise that car ownership was a necessity of life. After achieving my driving test, I started to look for a cheap second hand car. Most of my friends has small English cars such as the Ford Escort, Austin 7, or the Morris Minor. However I wanted to be different and saw an advertisement in a local newspaper called the Leicester Mercury. This advertisement was for a Mercedes Benz type 200 Stuttgart cabriolet C – and the advertisement said that the car was 'in good running order'. Unlike today, in those days, very few people in England owned a Mercedes Benz and I felt this was just the car for me.

Received with thanks from Mr Bates the sum of One hundred pounds.

August 12th 1961

I went to visit the previous owner. He was an officer in the Royal Air Force and he told me that he enjoyed driving the car but he could not afford to run it. He told me that he thought the car had been brought to England from Germany in 1937 but he did not know any more about the history of the car. I was very impressed with the car and he sold it to me for £100.

I proudly drove it home to show it to my friends. The car registration number was EWA 503. In those days the first two letters of the registration number indicated where the car had been first registered either as a new car or a car that had been imported into Britain. Those two letters „EW" meant that the car had been registered in Sheffield in the north of England. The Registration document, known as the 'Log Book' had the names of previous owners but only showed the ownership from 1955. I noticed that the previous owners only kept the car for short times but did not think much about that at the time. The 'milometer' said that the car had only been driven about 20,000km but I was not sure whether it was working properly. My friends were very impressed and I drove some of them to 'the pub' to celebrate! The car was very comfortable with good soft suspension.

In those days, unlike today, there was no opportunity to have the condition of a second hand car assessed before purchase. It was up to you to do those checks. In the next few days I looked at the car carefully and discovered that although much of the paintwork was shiny, the 'beauty was only skin deep'. I found that much of

the lower bodywork was very rusty and the wooden frame of both the doors and main body was rotten.

I did a little bit of patching and off I went to visit my mother in the south of England, a distance of 120 miles. All went well although on one steep hill near the town of Cirencester, the car only just made it. There was a strong smell of petrol which came from the fuel filter which was on the outlet from the petrol tank which was situated directly behind the dashboard. To fill up you lifted the bonnet and applied the nozzle of the petrol pump to a large shiny petrol tank cap. The fuel was 'gravity fed' straight into the carburettor directly below. This was a design used by Mercedes and other car manufactures in the early 1930s' until the safety considerations of having the petrol so close to the driver and front seat passenger was realised. I replaced the fuel filter sealing washers and set off back home feeling much more confident in my ability to arrive at my destination!

I drove the car for a few thousand miles in the next two years. Then came the winter of 1963. This was one of the coldest winters on record at the time. The car, nicknamed by my friends ' Brunhilda' became increasingly difficult to start and eventually would not go at all. I had to make a decision and decided to buy another second hand car. This was a Riley Pathfinder, another quite large car, which was about 5 years old. This car had good heating and was similar to a type used by the police at the time.

However I could not bring myself to part with 'Brunhilda'! It was about that time that interest in 'old timers' was gathering rapidly and being an engineer I decided that restoration was the way forward in my spare time. I started by taking the engine out which I did in an unheated garage in that cold winter while the temperature went down to – 12C. Naturally progress was slow and very uncomfortable. As the weather became warmer, I had a new hood made for the cabriolet and completed work on the engine. I used the car for short runs in the surrounding countryside but did little other work on it.

In 1966, my profession took me to work in Australia, which of course meant thatI could do no more work on the Mercedes. However I knew nothing about background of the car I realised that it was of some historic interest and again I could not bring myself to sell it. A farmer friend of mine had space in one of his barns and kindly put it into storage for me.

In 1971 my profession brought me back to England to work on nuclear power development. I went to live in the county of Dorset in the south of England. I was very busy travelling in Europe for my work for the next 6 years.

Then in 1977 my interest returned to restoration of the Mercedes. I wrote to the Mercedes Motor Museum in Stuttgart to ask for information about the model "Mercedes-Benz W21 type 200, Cabriolet C 1934". I also told them the chassis number 100539. They sent me very useful information of the technical specifications, and they also included a copy of the invoice that was issued to the purchaser of the new car: Hans Arnold of Augsberg. I then had it brought from the farmer's barn to my home garage. It was then that I discovered that water had leaked through the barn roof and caused significant rusting the car interior. I therefore decided to strip the car completely down the chassis. I had the chassis inspected and a crack was discovered which was weld repaired. I took the metal body parts to a body repair specialist who was an expert panel beater. He made a precise copy of all parts. I made new wooden frames on which the panels were fitted.

The time then came for restoration work to be carried out on the engine. I arranged for a local engine repair company to do this work. However this turned out to be very unsatisfactory. After several months no work had been done and the company could not be contacted because they had gone out of business. Eventually the engine was returned to me with some parts missing. I then contacted another company who had a good reputation for specialist engine repair. By 1984, the engine overhaul was completed and the engine was reinstalled. New seals were fitted to the differential the drive shafts and some of the suspension.

However there was still much work to be done – the electrical, fuel and braking systems, all of the interior, the instruments and dashboard. I commissioned a local upholsterer to work on the seats, floor and interior leather door coverings. This also turned out to be unsatisfactory and I was shocked to hear the upholsterer had a fire in his workshop and the seats had largely been destroyed.

Although I had done much work, these difficulties made me lose interest in the restoration work. Also at this time because of my love of the countryside I became increasingly involved in working as a volunteer in my spare time in wildlife conservation. I became chairman of the local conservation organisation, the Dorset Wildlife Trust, which took up much time after my retirement in 1997.

I therefore put the restoration work on the Mercedes on hold for many years. Friends said to me – when are you going to finish working on the Mercedes? I said – soon! The years rolled by until in 2010 a good friend who was also an oldtimer enthusiast said to me - "You are not going to finish the restoration are you?? I thought for a moment and said – "I don't think so". OK, he said put the car into an auction. I contacted the local Dorset Vintage and Classic Car auction house, DCVA. This auction house had a good reputation and buyers came from abroad as well as from around Britain. With the help of friends and neighbours the Mercedes was wheeled out of the garage, down a short hill and on to a pick up truck. Several days later the auction took place. Several bidders were interested – then only two from Germany, one at the auction and the other on the telephone. The telephone bid was the highest and Herr Ankenbrand had the car. That was in 2010.

II heard nothing more of the car until December 2013 when I has a surprise telephone call from Sarah Koch in Vancouver. She said – "my father has just bought you old car" She put me in touch with Gottfried. It is now a great pleasure to me to see the car now having complete restoration by Raphael and Michi of KS Classic Cars.

Leo Ankenbrand

Leo Ankenbrand suchte schon lange einen Oldtimer, der seinen Ansprüchen entsprach. Original sollte er sein, er wollte daran noch etwas machen, also er sollte nur teilrestauriert sein, eine richtig Qualitätsmarke sollte es sein und trotzdem bezahlbar. Viele Anläufe hatte er schon unternommen. Mal war das Fahrzeug zu teuer, dann war es in einem zu schlechten Zustand, ein anderes Mal war es nicht die Marke, die ihm passte, und wieder ein anderes Mal gefielen ihm die Formen dieses speziellen Modells nicht. Und wenn ihm persönlich einmal so richtig etwas zusagte, dann trat Hermine, seine Frau, auf die Bremse oder, anders ausgedrückt, sie fand das alles zu teuer, im Moment nicht der richtige Zeitpunkt und außerdem und eben halt. Wie das alles so ist. Wir werden noch mehr über Hermine hören und sie verstehen lernen.

2010 stand man mit einem Händler für Oldtimer in England in Kontakt. Der berichtete von den Dorset Vintage & Classic Auctions in Dorset und erwähnte, dass dort etwas angeboten werde, was Leo vermutlich interessieren würde: Ein 200er Mercedes Cabrio, Baujahr 1934, teilrestauriert. Alle wesentlichen Teile original.[4] *Über die Diskussionen zwischen Hermine und Leo ist nichts überliefert. Der Entscheidungsprozess war jedoch sicherlich nicht einfach, aber: Die Ankenbrands beauftragten den Makler.*

Leo Ankenbrand wurde am 11. Oktober 1927 in Eltmann in Bayern, genauer gesagt in Unterfranken geboren. Und um es gleich zu sagen, er wird diesen

---

[4] Zweites Fahrzeug von rechts.

Ort, außer zu gelegentlichen Urlaubsreisen, auch nicht verlassen. Wenn es jedoch alleine nach ihm gegangen wäre, dann hätte er vermutlich den Schritt in die große weite Welt schon in früher Jugend getan. Doch dazu später. Leo Ankenbrand ist der Sohn der Maria Büttner. Sie blieb alleinstehend, sodass Leo von seinen Großeltern aufgezogen wurde.

Eltmann war und ist umgeben von Wald und liegt am Main. Leos Großvater war deshalb Flößer, wie so viele andere in dieser Gegend auch. Lange, gerade gewachsene Holzstämme wurden zu Flößen von bis zu 100 Meter Länge zusammengebunden und den Main hinunter bis zu dessen Mündung in den Rhein bei Mainz gefahren. Etwa 230 km lang war diese beschwerliche Reise. Sie dauerte mehrere Tage. Die Flößer waren dann ohne Schutz im Freien. Bei Wind und Regen, Sonne und Kälte. In Mainz übernahmen dann andere Flößer die Gefährte, um sie weiter den Rhein abwärts nach Holland zu bringen, wo das Holz unter anderem für den Schiffsbau verwendet wurde.
Von Mainz fuhren dann die Eltmanner Flößer mit der Eisenbahn zurück, um sich nach einer kurzen Erholungspause erneut auf den Weg zu machen.

Leo Ankenbrand wuchs ohne Geschwister auf. Seine Kindheit war hart und entbehrungsreich, aber auch von Wärme und Geborgenheit geprägt, welche ihm die Großeltern gaben. So sagte er es im Gespräch.

Im September 1944 wurde Leo als 17-Jähriger zum Reichsarbeitsdienst eingezogen, um als Kraftfahrzeugfahrer Versorgungsfahrten für die Truppe durchzuführen. „Leo Ankenbrand hatte das Glück, dass er nicht als Soldat eingezogen wurde. Weil er einen Führerschein besaß und einen Lastwagen hatte, einen Drei-Tonner [Mercedes], der mit einem Holzvergaser betrieben wurde, wurde er zum Reichsarbeitsdienst verpflichtet und musste Versorgungstransporte im fränkischen Raum fahren. Zwar wurde auch er einmal von einem Tiefflieger beschossen, aber er hatte Glück und kam unversehrt davon.“ Ankenbrand entwickelte sich schon früh zu einem Spezialisten für Holzvergaser. Wir haben daher vorstehend einen kleinen Einblick in diese „Technologie“ gegeben.

Holzvergaser

Am Ende des Zweiten Weltkrieges wurden in Deutschland ca. 500.000 Kraftfahrzeuge mit sog. Holzvergasern benutzt. Während des Krieges waren es deutlich mehr. Der Holzvergaser wurde mit Brennholz gefüllt und erhitzt. „Durch Erhitzen entwich aus dem Holz das brennbare Gasgemisch (Holzgas), dessen Bestandteile neben dem nicht brennbaren Stickstoff, Kohlendioxid und Wasserdampf hauptsächlich aus Kohlenmonoxid und Methan“ bestanden. Aus drei Kilogramm Tankholz konnte Gas erzeugt werden, welches etwa einen Liter Benzin ersetzte. Das Tankholz wurde in speziellen Tankholzwerken produziert. Die waldreiche Gegend um Eltmann war hierfür ein geeigneter Standort.

Nach dem Krieg baute Ankenbrand einen Horch um, damit er mit einem Holzvergaser betrieben werden konnte. Die Technik hatte es ihm überhaupt angetan.

Am 17. Mai 1945 wurde Leo Ankenbrand in Kufstein aus der Gefangenschaft entlassen und machte sich auf einen Fußmarsch nach Eltmann, wo er nach 13 Tagen ankam. Dort angekommen, warnten ihn Einheimische, die ihn kannten, vor einer erneuten Gefangennahme, denn Steifen von ausländischen Militärpolizisten suchten nach versprengten deutschen Wehrmachtsangehörigen. Leo Ankenbrand versteckte sich einige Zeit und entkam so einer erneuten Gefangennahme.

Auf einer Fahrt mit der Fähre über den Main trafen sich im Frühjahr des Jahres 1949 Leo Ankenbrand und Hermine Rüttiger (25. Januar 1931 in Ingolstadt). Sie ist die Tochter des Beamten Linus und der Hausfrau Josefa Rüttiger. Sie hat zwei jüngere Schwestern. Hermine Rüttiger erlebte als Kind den Krieg in Eltmann. Gemeinsam mit ihrer Mutter und den beiden Schwestern suchte sie täglich Schutz im Luftschutzkeller, denn Eltmann war wegen der naheliegenden Kugelfischer FAG in Schweinfurt sehr gefährdet. Gegen Ende des Krieges war dieses Unternehmen mehrfach das Ziel von massiven Luftangriffen der Alliierten.*

Hermine war damals, als sie Leo auf der Fähre traf, auf dem Weg zur Schule; Leo befand sich am Beginn einer Reise nach Rüsselsheim, wo er einen 8-tägigen Kurs in den Opelwerken besuchen wollte. Leo arbeitete zu dieser Zeit bereits bei der Opel Generalvertretung Mühlhaupt in Eltmann. Die beiden jungen Leute kamen auf der Fähre ins Gespräch, man traf sich, man blieb „im Gespräch" und man heiratete am 5. Juni 1952 in der katholischen Kirche von Eltmann.

Die Hochzeitsreise ging nach Berchtesgaden. Für eine Woche. Leo lieh sich dazu einen Opel Olympia. Dieser blieb auf halbem Weg stehen. Kein Problem für Leo; er reparierte das angeschlagene Gefährt und weiter ging es.

Ganz offensichtlich konnte Leo alles nicht schnell genug gehen, denn schon 1950 präsentierte er seiner Hermine voller Begeisterung zwei Tickets für die Überfahrt in die USA. Oneway-Tickets, wie man heute sagen würde. Leo hatte sie ohne lange zu zögern besorgt. Er wollte mit Hermine in den USA eine gemeinsame Zukunft starten; eine Autowerkstatt eröffnen, Autos verkaufen, wo sonst, wenn nicht in Amerika, wo sonst frei sein, wenn nicht im freisten Land der Welt, und wo sonst sollten beide ihr neues Leben beginnen, wenn nicht in einem Land, wo alles möglichzu sein schien? Hermine zögert und zeigte ihrem Leo eine andere Perspektive auf. Eine Perspektive auf heimischem Boden. Hermine wollte das bekannte Umfeld nicht verlassen. „Und außerdem waren wir ja noch nicht verheiratet", sagt sie im Gespräch. Also blieb man in Eltmann.

Dieses Verhaltensmuster sollte sich in den vielen Jahren des gemeinsamen Lebens von Hermine und Leo Ankenbrand fortsetzen. Er zog nach vorne, sie bremste ihn nicht, sondern lenkte geschickt die Aktivitäten von Leo in sichere, beherrschbare und überschaubare Bahnen. Beide wurden so zu kongenialen Partnern. Bis heute ergänzen sich beide. Wäre Hermine nicht in Bayern geboren, dort aufgewachsen und dort beheimatet, könnten man sie als Musterbeispiel einer „schwäbischen Hausfrau" bezeichnen. Aber vermutlich steht die bayerische Hausfrau ihrem schwäbischen „alter ego" in nichts nach.

Nachdem man also nicht in die große weite Welt gezogen war, konzentrierte man sich auf die Möglichkeiten in Eltmann. Hier war nach dem Krieg die Werkstatt der Familie Schömig verweist. Otto Schömig war nicht mehr aus Russland zurückgekommen. Ankenbrand, der vorher unter freiem Himmel Fahr- und Motorräder repariert

hatte, übernahm kurzerhand dieses brachliegende Unternehmen. 256.00 Deutsche Mark investierte er im Jahr 1952 dafür. Von nun an begann ein stetiger Aufstieg. Es wurden Autos repariert, eine Tankstelle kam hinzu und die Ankenbrands übernahmen den Neuwagenverkauf für die Marke Ford.

Im Jahr 1977 wurde 25-jähriges Jubiläum gefeiert. Der Aufbau war geschafft. Das Autohaus Ankenbrand war in der Region bekannt und verankert. Man hatte es geschafft!

Auf dem Bild unten, der Zweite von rechts, Leo Ankenbrand. Auf dem folgenden Bild Hermine Ankenbrand. Beide damals im Gespräch mit Persönlichkeiten

aus der Politik und dem Automobilgewerbe.

Auf den ersten Blick betrachtet, könnte man annehmen, dass den Ankenbrands diese Erfolgsstory mit dem Wirtschaftswunder im Nachkriegs-Deutschland quasi in den Schoss fiel. Hört man den Erzählungen von Hermine Ankenbrand hingegen genau zu, dann fielen diese Erfolge aber alles andere als vom Himmel, sondern sie wurden hart erarbeitet. Viele Rückschläge galt es zu verkraften. So trat der nahe gelegene Main mehrmals über die Ufer und überflutete alles: Die Werkstätte, die Tankstelle, die Büros sowie die abgestellten Neu- und Gebrauchtwagen.

Die Wachstumsdynamik der deutschen Nachkriegswirtschaft erlahmte damals erstmals empfindlich und es gab schmerzhafte Rückschläge. So sprach 2002 der Landrat anlässlich des 50-jährigen Firmenjubiläums, welcher mit dem 75. Geburtstag von Leo Ankenbrand zusammenfiel, von „den gegenwärtigen Problemen in der Wirtschaft", welchen sich das Autohaus Ankenbrand mit Fleiß und Erfolg entgegenstelle. Und der Innungsmeister sprach davon, dass bereits damals den Betrieben der Automobilbranche „die momentane Konjunkturflaute scharf ins Gesicht" blase.

Einen Luxus leisteten sich jedoch auch Leo und Hermine Ankenbrand. Sie fuhren in ihren Ferien in die Schweiz. In das „sündhaft teure Arosa". Hier genossen sie die Schweizer Berge, das internationale Flair und schalteten von den Niederungen des heimatlichen Eltmann ab. Vermutlich sprachen sie daheim von diesen Ausflügen nur hinter vorgehaltener Hand. Wenn sie überhaupt davon sprachen.

Leo Ankenbrand war von 1966 bis 1990 im Stadtrat von Eltmann und von 1960 bis 1972 Mitglied des Kreistages. Ankenbrand ist Mitglied der CSU.

Die Eheleute Ankenbrand haben zwei Kinder, einen Sohn und eine Tochter. Auch mit ihnen unternahmen sie trotz der vielen Arbeit im Unternehmen gemeinsame Urlaubsreisen nach Italien und Füssing. Die Kinder erlebten eine „behütete Kindheit sowie eine konservative Erziehung durch Oma und Mutter". Sie besuchten keinen Kindergarten. Sohn Gerhard half schon „nach der Schule und in den Ferien" in der Werkstatt mit. Gerhard Ankenbrand führt heute das Autohaus.

Das Leben der Ankenbrands vollzog und vollzieht sich heute wie früher im Unternehmen und mit ihm. Sie sind das Unternehmen und das Unternehmen definiert sie. Sie fühlten sich am wohlsten „in der Firma und Zuhause" und sie sind glücklich, wenn „es der Firma gut geht". Leo und Hermine Ankenbrand sind stolz „auf den Sohn der die Firma übernommen hat und ein großes Autohaus daraus gemacht hat". Leo und Hermine Ankenbrand sind noch immer nahezu täglich „im Geschäft". Lediglich die zunehmende Zahl an Arztbesuchen hält sie von der Arbeitsroutine ab; wobei die Arztbesuche durch die Arbeit das ein ums andere Mal auch vergessen werden. Macht aber nichts. Die Ankenbrands werden in Eltmann auch ohne Termin zum Herrn Doktor vorgelassen.

Der Automobilmarkt in Deutschland ist schon lange das, was man einen „gesättigten Markt" nennt. Das Wachstum stagniert, die einzelnen Marken leiden unter einem Verdrängungswettbewerb. „Kleine Händler sind bereits vom Markt; mittlere Händler verschwinden. Konzentration auf Großhändler und Gruppen. Ergebnis: Mehrzahl schreibt Verlust." Zwar hat Ford seinen Marktanteil in einem insgesamt rückläufigen Markt im Frühjahr 2014 leicht ausbauen können, doch ging dieser Erfolg zulasten der Gewinnmargen, insbesondere der kleinen und mittelgroßen Händler auf dem Lande, wie dies das Autohaus Ankenbrand ist.

Zur Marktsättigung kommt ein Strukturwandel. Die Autohäuser mutieren zum Mobilitätsanbieter. Flatrate-Leasing statt Verkauf von Automobilen, Carsharing statt des Erwerbs von Eigentum an einem Wagen. Inwieweit hier das Autohaus Ankenbrand diesem Trend folgen kann, ist noch offen. Trotz dieser Zeichen des Wandels am Automobilhimmel kann man aber zuversichtlich sein. Bei einem Besuch ging es zu wie im Taubenschlag. Von Ruhe, Stagnation, nachlassender Kundenfrequenz war nichts zu spüren. Ganz im Gegenteil.

Dass Leo und Gerhard Ankenbrand eine Liebe für Oldtimer haben, versteht sich fast von selbst. „Als KFZ-Meister wünscht man sich die Eleganz, die qualitative und konstruktive Verständlichkeit, eine Haltbarkeit sowie eine Reparaturfähigkeit eines Fahrzeuges." Also arbeiteten die Ankenbrands schon lange an und mit Oldtimern. So gewann ein von ihnen restaurierter Ford De Tomasso Pantera in Italien im Rahmen eines internationalen Wettbewerbs den ersten Preis.

Einige Versuche, einen attraktiven Oldtimer zu kaufen, scheiterten an Hermine Ankenbrand. Einmal schaute man sich auf der Rückreise von Arosa in Graubünden einen Mercedes 300 SL Cabrio an. Er kostete aus heutiger Sicht „nur" CHF 100.000. Für Hermine zu viel des Guten, völlig indiskutabel. Ebenso ein 3500 Maserati für lediglich 20.000,00 CHF. Der Kaufvertrag für einen 1962 Shelby Mustang war schon unterschriftsreif. Auch hier legte Hermine ihr Veto ein.

Wie schon erwähnt. 2010 war es soweit. Die Ankenbrands erwarben von Tony Bates den Mercedes 200 Cabrio, Baujahr 1934. Nachdem aber die Zeit fehlte, um die angefangene Restaurierung zu einem guten Ende zu bringen, entschloss man sich Mitte 2013 schweren Herzens zum Verkauf und schaltete ein „gewöhnliches Inserat" für dieses ungewöhnliche Fahrzeug in der Fachzeitschrift OLDTIMER MARKT.

Was es noch zu bemerken gibt:

- *Der Herr Gutachter des TÜV Süd irrte sich gewaltig. Bei allem Respekt, eine ganze Reihe von vorher getätigte Arbeiten waren nach heutigen Normen nicht fachmännisch durchgeführt worden und musste daher nochmals erledigt werden. Es war leider nicht so, dass nur noch „einige Kleinteile“ fehlten, es war eine ganze Reihe von Teile, welche aufwendig neu besorgt werden mussten. Der Gutachter irrte auch, dass nur „die Inneneinrichtung und das Verdeckt neu aufgebaut werden“ musste. Letztlich musste alles auseinandergenommen und neu aufgebaut werden. Kurzum: Die Restauration des Arnold-Mercedes war äusserst aufwendig und zeitraubend.*
  Würden wir auf der Basis unseres heutigen Wissens die Restauration nochmals durchführen?
  Die Meinungen gehen da im Team auseinander. Sicher ist, dass wir auf das fertige Fahrzeug und die geleistete Arbeit mächtig stolz sind. Das Ergebnis unserer Arbeit gefällt uns sehr. Wenn man das so sagen darf, dann betrachten wir dieses Fahrzeug als ein Zeugnis unserer Handwerkskunst.
  Sicher ist auch, dass wir die dadurch gewonnen Beziehungen, Kontakte und Freundschaften nicht missen wollen. Und noch was ist uns wichtig. Zum ersten Mal haben wir Kontakt mit einem Teil der Deutschen Geschichte bekommen, den wir so persönlich vorher nicht hatten. Wir haben Menschen in die Augen gesehen, deren Schicksal uns tief berührt hat.

- *Noch heute ist die Akte von Jakob Werlin im Mercedes-Benz Archiv gesperrt. Warum eigentlich? Jakob Werlin, der „Generalinspekteur des Führers für das Kraftfahrtwesen“ und Obersturmbandführer wurde im Rahmen der Entnazifizierungsverfahren nach dem Krieg als „Mitläufer“ qualifiziert. Dies erlaubte es ihm, innerhalb des Konzerns von Mercedes-Benz ein beträchtliches Vermögen aufzubauen. Die Arnolds und viele andere Opfer verloren nicht nur ihr Leben, ihre geretteten Nachkommen, mussten jahrelang um eine Entschädigung kämpfen. Nur ein kleiner Teil ihres früheren Besitzes wurde ihnen erstattet resp. entschädigt.*

- *Rechtsanwalt Otto Leibrecht vertrat Eleonora Feldberg geb. Arnold und ihren Bruder Hans Arnold im Rahmen der Entschädigungsverfahren gegenüber der Bundesrepublik Deutschland. Leibrecht war zu Beginn der Nazi-Zeit Rechtsterrorist an dessen Händen Blut klebte. Er brachte jüdische Mitbürger um ihr Vermögen und eignete es sich an. Kurz vor Kriegsende ging er in die Schweiz. Nach dem Krieg eröffnete er in München eine Anwaltskanzlei und vertrat Opfer des NS Regimes. Leibrecht ist ein Beispiel für eine ganze Reihe von Nachkriegs-Karrieren deutscher Juristen.*

- *Leo Ankenbrand packte nach dem Krieg mit seiner Frau Hermine die Chancen des deutschen Wirtschaftswunders beim Schopf und erschuf quasi aus dem Nichts ein kleines „Auto-Imperium" in Franken. Die Zeiten ändern sich. Diesen strukturellen Änderungen ist es zuzuschreiben, dass der Arnold-Mercedes in der Schweiz restauriert wurde.*

- *Antony Bates besass den Arnold-Mercedes über eine sehr lange Zeitspanne. Er begann auch mit der Restauration. Im Verlauf des zweiten Anlaufs den Arnold-Mercedes zu restaurieren wurde er zum Freund. Er ist ein bemerkenswert positiv gestimmter Mensch, der als Persönlichkeit zum Vorbild wurde. Wegen seinem Engagement für den Umweltschutz wurde er von Prinz William, Duke of Cambridge, in Vertretung der Queen, mit dem „Order of the Brithish" Empire ausgezeichnet. Wir sind froh Antony Bates kennengelernt zu haben und ihn unseren Freund nennen zu dürfen.*

- *Über Bettina Kaplan, eine Grossnichte von Hans Arnold, haben wir mit den Nachfahren der Familien Arnold und Feldberg kommuniziert und viele Mails, Fotos, Dokumente und Informationen ausgetauscht.*

  Natürlich kreisten viele Mails sowie ein persönliches Gespräch um die schicksalhafte Vergangenheit.

Bettina Kaplan erklärte einmal:

Wir schauen nicht zurück. Wir haben uns dem Leben zugewandt und schauen nach vorne.

Schlussbemerkung

Our gratitude and respect go to Gottfried Koch and Bettina Kaplan Strohmaier for enabling our learning and remembrance of our heritage and legacy of the Arnold Family. We are the oldest remaining individuals of the Arnold Family of Augsburg. As heirs to the Arnold/Feldberg family, our lives in the United States as refugees and ultimately as United States citizens has been blessed, fortunate, productive and happy.

There were fleeing thoughts about how life would have been in "Nazi-free" Germany—but this really makes one realize how important it is to be vigilant of political regimes, prejudice and bullying. Also, it is important to never forget Adolf Hitler and his regime so that it will never happen again.

Although knowing we came from affluence, we never gave it much thought. Our parents didn't talk much of the past, but their heritage, morals, and genes gave us a rich and privileged life. Our folks lost their sumptuous life style, but more tragic was the loss of their family and friends through the war----this of course can never be replaced. Finding out more about our past gives us an additional obligation and confidence to carry on the family name.

We are happy to learn about the Mercedes as it represents one of the only tangible objects that belonged to our family.

Betsy Kaplan and Ursula Levi
Töchter von Eleonora Feldberg, geb. Arnold und Walter Feldberg,
Nichten von Hans Arnold

Die Restaurierung in Bildern

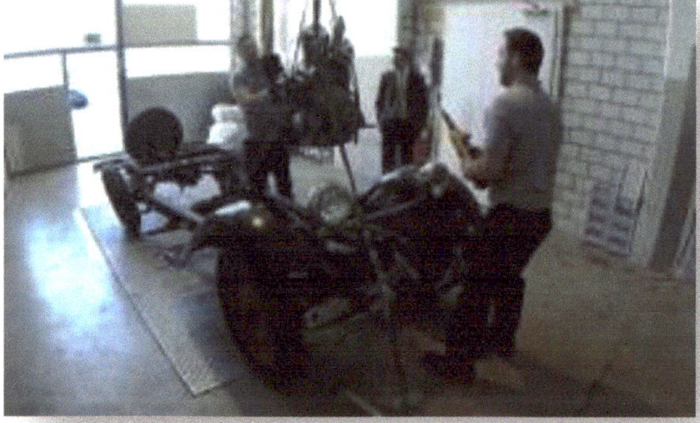

Fig. 15. Switch board

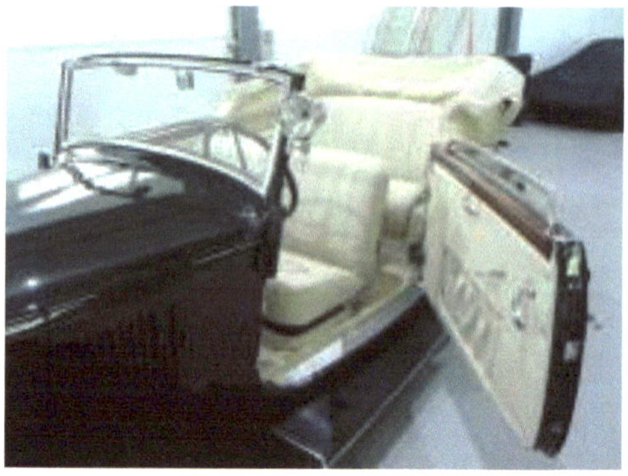

Der Arnold-Mercedes wird im Rahmen einer Ausstellung zur Geschichte der Augsburger Textilfamilien-Dynastie Arnold im Augsburger Textil- und Industriemuseum ausgestellt. Die Eröffnung der Ausstellung fand am 26. Juni 2017 statt.